JURISPRUDENCE

DU

CONSEIL DES PRISES

PENDANT LA GUERRE DE 1870-1871

JURISPRUDENCE

DU

CONSEIL DES PRISES

PENDANT LA GUERRE DE 1870-1871

AVEC NOTES ET COMMENTAIRES

Par Henri BARBOUX

AVOCAT A LA COUR D'APPEL DE PARIS

PARIS

Henry SOTHERAN, Joseph BAER & Cie

2, RUE DU QUATRE-SEPTEMBRE

MÊME MAISON A LONDRES

136, STRAND & 36, PICCADILLY

1871

Châteauroux, Imp. Lith. et Stéréot. A. NURET et Fils.

On a écrit des traités complets et recommanda-
bles sur la matière des *prises maritimes*. Mais ils
ont été publiés avant la déclaration du Congrès de
Paris du 16 avril 1856 qui a modifié profondément
sur certains points, assuré sur tous, les droits des
neutres; et comme, depuis cette époque, il n'a été
rendu sur cette matière aucune décision qui ait
quelque importance, il est vrai de dire qu'un grand
intérêt s'attache aux travaux du Conseil des prises
de 1870. Il était donc utile que ses décisions fussent livrées au public. On ne les a pas ici reproduites toutes, mais seulement celles dans lesquelles
se rencontre une doctrine susceptible d'être géné-
ralisée. Elles ont été distribuées dans l'ordre lo-
gique des questions qu'elles résolvent, et accom-

pagnées de la discussion sommaire des principes et des textes qu'elles ont appliqués. Leur nombre et leur variété ont permis d'étudier, en les rapportant, les parties les plus intéressantes de cette délicate matière.

JURISPRUDENCE

DU

CONSEIL DES PRISES

CHAPITRE I.

DU DROIT DE PRISE.

Celui qui parcourt aujourd'hui les livres consacrés depuis vingt ans à l'étude du droit international, demeure d'abord frappé de la fragilité des théories auxquelles se sont complus tant de nobles esprits. Ils définissent la guerre *une procédure violente, à laquelle les nations sont obligées de recourir, quand elles ont épuisé tous les autres moyens d'obtenir la satisfaction du droit violé.* La langue du droit positif apparaît déjà dans cette première définition. Partant de là, ils imposent à cette procédure des délais, des formes, des limites. Ils déterminent, par raison démonstrative, quelles voies d'exécution elle autorise, et le point précis au-delà duquel elle cesse d'être légitime. La guerre est, pour eux, une relation d'État à État. Dès lors, l'État seul en peut exercer les droits;

et seulement contre l'État; les personnes et les choses qui ne font pas partie de la puissance militaire de l'État ne sauraient être responsables des actes de l'État; elles échappent à l'action du belligérant; si elles souffrent de la guerre, cela ne peut être que d'une façon indirecte, par l'obligation de fournir à l'État des hommes et de l'argent; elles doivent demeurer neutres, comme les sujets d'une puissance voisine, simple spectatrice du combat. Le pillage des propriétés privées est flétri comme un vol, le massacre des citoyens paisibles dénoncé comme un assassinat. Toutes ces règles sont présentées, non pas comme l'idéal vers lequel la civilisation conduit les hommes, mais comme des principes certains, reconnus par tous, faisant dès à présent partie du patrimoine commun de l'humanité. On les réunit en corps de doctrine; on fait d'elles une science; on l'appelle le droit international. Et parce qu'on sait bien que tout principe de droit a besoin de sanction, on affirme que l'opinion publique a désormais une force capable de maintenir l'observation de ces règles et que celui qui serait tenter de les violer reculerait aussitôt devant la réprobation universelle dont il serait l'objet.

Qui oserait aujourd'hui reproduire ces nobles théories? Qui ne sent que les pratiques de la guerre de 1870 les ont pour longtemps chassées du domaine de la science et repoussées dans le champ de l'utopie? Qui ne voit l'immensité de l'illusion dont se sont bercées tant d'âmes généreuses? Et qui, la voyant,

ne découvre aussitôt l'erreur qui l'a engendrée? Le
chancelier de l'empire d'Allemagne fait toucher du
doigt cette erreur, en essayant d'en profiter. Dans
une pièce diplomatique rédigée à Versailles le 19
janvier, et intitulée : *Note en réponse aux accusations
portées par M. de Chaudordy contre la manière dont
les Allemands font la guerre*, M. de Bismarck écrit
ceci :

Versailles, 19 janvier.

Dans les autres pays, l'état de civilisation des nations
étrangères est un objet habituel d'étude et d'observation. Le
monde connaît parfaitement le système d'éducation pratiqué
en Allemagne, et les fruits qu'il produit, ainsi que celui en
usage en France ; la règle qui rend chez nous le service militaire uniformément obligatoire pour tous et la conscription
et l'achat de remplaçants chez nos adversaires.....

Ainsi, sans discuter les actes de cruauté reprochés
aux soldats allemands, il se borne à constater leur
supériorité intellectuelle et tient cela pour une suffisante réponse. Ainsi raisonnaient en effet les publicistes
anglais, américains, français. Parce qu'ils voyaient
dans leur patrie un certain état de culture intellectuelle coincider avec un certain degré d'adoucisse-
ment des mœurs, ils concluaient hardiment que, partout où l'on rencontrerait un égal développement de
l'intelligence, on trouverait un progrès semblable
dans les habitudes et dans les instincts ; et comme
tous les peuples de l'Europe ont à peu près les mêmes

arts et les mêmes sciences, il semblait naturel qu'ils entendissent aussi de même façon les délicatesses du point d'honneur militaire et l'étendue des droits de la guerre. Mais l'espérance a cruellement montré qu'il n'y a rien de plus inexact que de conclure des facultés de l'esprit aux qualités du cœur. M. de Montesquiou Fezensac raconte dans ses souvenirs militaires l'anecdocte suivante :

« A l'époque de nos plus grandes misères, dit-il, une
» colonne de prisonniers traversa nos camps. L'un d'eux
» portait un pain de munition. Un soldat du régiment le
» prit de force; un autre lui en fit des reproches et il
» s'établit une discussion entre eux pour savoir s'il était
» loyal d'ôter les vivres à un prisonnier, le premier alléguant
» le droit de la guerre, nos propres misères, le besoin de
» nous conserver; l'autre, le droit de l'humanité. La discus-
» sion fut longue et vive; le premier impatienté finit par
» dire à l'autre; « Ce qui arrivera de là, c'est que je ne t'en
» donnerai pas. — Je ne t'en demande pas, répondit celui-ci,
» je ne mange pas de ce pain là. » Pour apprécier la beauté
» de cette réponse et la noblesse de ce sentiment, il faut
» penser que celui qui l'exprimait était lui-même accablé
» de fatigue et mourant de faim. » (De Montesquiou
Fezensac, *Souvenirs militaires.*)

Sans doute ce n'est là qu'un beau trait et tous les soldats français n'en sont pas capables. Mais il est conforme aux dispositions de la race; il est produit sans effort par les instincts qu'elle tient de la nature. Race légère, cela est vrai; et de cette légèreté elle a bien souffert et quelquefois aussi cruellement fait souffrir les autres. Mais comme par compensation à cette légèreté de l'esprit, elle est douée d'un cœur bon et généreux. Le paysan français est ignorant, par conséquent grossier dans son langage et dans ses habitudes; soldat, il manque à la discipline, il va à la maraude, il prend à l'ennemi des vivres; mais il ne le volera ni ne le frappera de sang-froid; la lutte finie, il en oublie presque aussitôt les fureurs et les dangers; son naturel revient, plein d'expansion, ouvert à la joie, à cette joie qui, suivant un mot de Schiller (1) « donne de la douceur aux cannibales. » Avec elle, l'humanité reprend ses droits; car elle étouffe dans leur germe ces instincts féroces que la guerre éveille et que les dangers de chaque jour développent dans le cœur de l'homme avec une si cruelle rapidité.

Au contraire, l'Allemand du Nord est un homme rude et grave. Il a reçu de la nature un esprit solide, une intelligence forte, capable de soutenir le poids du plus formidable travail; il peut entasser dans sa tête toute une encyclopédie. En est-il plus humain pour cela? Non. Il régularise le pillage, dévalise avec ordre les habitants du pays qu'il occupe; docteur en droit, magistrat, avocat, médecin, officier supérieur, il brise les meubles qu'il ne peut enlever, il prend les diamants et les envoie à sa

(1) Schiller, An die Freude.

femme qui les montre avec orgueil; il fait la guerre
d'une façon habile et pratique; il estime qu'elle doit
l'enrichir. Rentré chez lui il écrira, si l'on veut, un
traité pour établir que la conquête est un moyen légitime d'acquérir la propriété, ou bien un livre intitulé:
*Nouvelles règles du droit des gens, déduites des
principes philosophiques de Hégel.* Ce qu'on entend
chez nous par point d'honneur, sentiments cheva-
leresques lui demeure incompréhensible; la nature
ne lui en a pas donné la notion et cela ne s'enseigne
pas dans les écoles. Ce n'est pas qu'il soit insensible;
en traversant les villages français, les soldats allemands s'arrêtaient souvent à considérer des femmes
et des enfants et pleuraient. Mais ils s'attendrissaient
ainsi sur eux-mêmes et non pas sur le sort de ceux
que la guerre les obligeait à opprimer. Pour consoler
la femme et les enfants qu'ils ont laissés au logis,
ils dépouilleront sans remords les infortunés dont
la vue a provoqué chez eux un accès, un peu de
pitié, surtout d'égoïste sensibilité.

Ces différences dans le caractère national, et par
conséquent dans les mœurs militaires des divers
peuples de l'Europe, ne s'étaient guère accusées depuis
1815, et l'on s'explique comment les auteurs qui
ont écrit dans les derniers temps sur le droit international ont pu les méconnaître, et comment ils
ont été conduits à bâtir, avec des règles qui n'étaient
pas universellement acceptées, un édifice séduisant
et fragile, que le premier coup de canon tiré sur

la cathédrale de Strasbourg a fait voler en éclats. Ouvrez un livre moderne sur le droit des gens ; vous y lirez que l'assiégeant doit prévenir les habitants d'une ville fortifiée qu'il se dispose à la bombarder, donner aux femmes et aux enfants vingt-quatre heures pour quitter la place, et ne diriger les coups de son artillerie que sur les ouvrages militaires de l'ennemi. Que sert de proclamer solennellement que cette règle est un principe de droit, si la nation qui est aujourd'hui la plus puissante par son organisation militaire ne la reconnaît pas? Qui oserait considérer comme un principe de droit maritime un usage auquel l'Angleterre refuserait de se conformer? Vous dites à l'Allemagne qu'elle viole le droit des gens ; elle vous répondra que cela n'est pas vrai ; qu'elle ne s'est engagée par aucun traité à observer la règle dont il s'agit ; que chaque peuple est juge des nécessités de sa politique ; qu'elle a ses usages différents des vôtres ; qu'à ce compte vous avez votre droit de gens et qu'elle a le sien. Il faut donc rabattre beaucoup des orgueilleuses espérances que la raison humaine avait conçues pendant la longue paix dont l'Europe a joui depuis 1815. La devise donnée par le chancelier de l'Allemagne du Nord à la politique extérieure de sa nation est radicalement fausse. La force et le droit ne peuvent coexister sur le même objet dans un rapport d'égalité ou de subordination ; ce sont deux quantités qui s'excluent l'une l'autre ; la force ne prime pas le droit, elle l'anéantit.

Cependant, si la guerre de 1870 a imprimé à la civilisation moderne le plus déplorable recul, il y a toute une partie de cette guerre dans laquelle les règles admises jusqu'ici comme formant des principes du droit des gens ont été scrupuleusement observées. Maîtresse de la mer, la France ne s'y est permis aucune violence, en dehors de celles que les usages et les traités autorisent. Quand on compare la guerre maritime à la guerre terrestre, on remarque tout d'abord cette différence : tandis que les pratiques de la guerre terrestre ont été très-rarement l'objet de stipulations internationales, l'exercice des droits de la guerre sur mer a été, au contraire, très-souvent soumis à l'examen des diplomates et réglé par des traités. Il y a, suivant nous, deux raisons de cette différence ; la première, que les éventualités de la guerre maritime sont moins nombreuses, et par conséquent plus faciles à réglementer ; la seconde, que les puissances neutres y sont plus directement intéressées.

Le dernier accord international sur cette matière est la déclaration du congrès de Paris du 16 avril 1856. Bien qu'elle n'ait pas introduit dans les rapports des peuples un droit absolument nouveau, elle a eu du moins cet immense avantage d'assurer la fixité des engagements écrits à des principes que le gouvernement anglais ne voulait pas admettre, et qui, chez les autres peuples, étaient demeurés jusque là dans le domaine incertain de la controverse. Ce sont ces règles, désormais indiscutables, que la France a appliquées dans la guerre qu'elle a faite à l'Allemagne du Nord, et que le Conseil des Prises a dû prendre ensuite pour base de ses décisions. Voici le texte de cette déclaration :

Déclaration du Congrès de Paris, en date du 16 avril 1856

Les plénipotentiaires qui ont signé le traité de Paris du 30 mars 1856, réunis en conférence,

Considérant :

Que le droit maritime, en temps de guerre, a été, pendant longtemps, l'objet de contestations regrettables ;

Que l'incertitude des droits et des devoirs, en pareille matière, donne lieu, entre les neutres et les belligérants, à des divergences d'opinion qui peuvent faire naître des difficultés sérieuses et même des conflits ;

Qu'il y a avantage, par conséquent, à établir une doctrine uniforme sur un point aussi important ;

Que les plénipotentiaires assemblés au Congrès de Paris ne sauraient mieux répondre aux intentions dont leurs gouvernements sont animés qu'en cherchant à introduire dans les rapports internationaux des principes fixes à cet égard ;

Dûment autorisés, les plénipotentiaires sont convenus de se concerter sur les moyens d'atteindre ce but, et, étant tombés d'accord, ont arrêté la déclaration solennelle ci-après :

1° La course est et demeure abolie.

2° Le pavillon neutre couvre la marchandise ennemie, à l'exception de la contrebande de guerre.

3° La marchandise neutre, à l'exception de la contrebande de guerre, n'est pas saisissable sous pavillon ennemi.

4° Les blocus, pour être obligatoires, doivent être effectifs, c'est-à-dire maintenus par une force suffisante pour interdire réellement l'accès du littoral de l'ennemi.

Les gouvernements des plénipoténtiaires soussignés s'engagent à porter cette déclaration à la connaissance des États qui n'ont pas été appelés à participer au congrès de Paris, et à les inviter à y accéder.

Convaincus que les maximes qu'ils viennent de proclamer ne sauraient être accueillies qu'avec gratitude par le monde entier, les plénipotentiaires soussignés ne doutent pas que les efforts de leurs gouvernements pour en généraliser l'adoption ne soient couronnés d'un plein succès.

La présente déclaration n'est et ne sera obligatoire qu'entre les puissances qui y ont ou qui y auront accédé.

Fait à Paris, le 16 avril 1856.

Signé : A. WALEWSKI.	Signé : HATZFELDT.
BOURQUENEY.	ORLOFF.
BUOL-SCHAUENSTEIN.	BRUNOW.
HUBNER.	CAVOUR.
CLARENDON.	DE VILLAMARINA.
COWLEY.	AALI.
MANTEUFFEL.	MEHEMMED-DJÉMIL.

NOTA. Voir ci-dessous le deuxième paragraphe de l'article 9 des instructions, annonçant que les principes de la déclaration du Congrès de Paris seront applicables à l'Espagne et aux États-Unis, bien que ces Puissances n'aient point adhéré à cette déclaration.

Il n'entre pas dans le cadre de cet ouvrage de montrer par l'examen de la doctrine et de la jurisprudence antérieures des différents peuples, l'étendue et l'importance des stipulations contenues dans cette déclaration. Il n'y aurait d'ailleurs, à cette recherche, qu'un intérêt purement historique. Les instructions adressées par le ministre de la marine, au début de la guerre de 1870 (annexe 1 et 2), et les décisions du Conseil des prises, seront le commentaire à la fois théorique et pratique de ces stipulations du traité de Paris.

Les règles que s'imposent les puissances signataires par cet accord, ne peuvent donner place à aucun doute. Il est évident qu'elles laissent subsister le droit de prise, exercé par la marine militaire de chaque état sur les bâtiments ennemis et sur la marchandise ennemie chargée à bord du navire ennemi. Ces stipulations ne donnaient donc qu'une satisfaction incomplète aux vœux de ceux dont l'espérance avait été de voir le congrès de Paris proclamer l'inviolabilité absolue de la propriété privée, même ennemie, sur mer. Le mouvement des esprits a continué dans ce sens, et les ardents promoteurs de cette réforme libérale se sont trouvés tout à coup, en juillet 1870, appuyés par un allié sur lequel, à coup sûr, ils n'avaient pas compté, par le roi de Prusse lui-même, qui, dans une déclaration publiée au début de la guerre, proclamait que la Prusse respecterait sur mer les propriétés privées de l'ennemi, et manifestait hautement l'espoir que d'aussi généreuses avances seraient accueillies par la France avec le plus vif empressement. La France ne pouvait pas répondre à cet appel ; elle a exercé le droit de prise dans les conditions où l'autorisent les stipulations du traité de Paris ; qu'elle en ait eu le droit, cela est incontestable ; mais nous croyons en outre que ce droit est conforme à la raison, et que de longtemps, dans l'état actuel de la politique européenne, ni l'Angleterre, ni la France n'y pourront renoncer.

Les adversaires du droit de prise prétendent qu'il existe entre les règles de la guerre terrestre et celles de la guerre maritime une opposition qu'il déclarent intolérable. Un négociant possède des magasins et des marchandises; l'ennemi est tenu de les respecter. Ce négociant charge ses marchandises sur un vaisseau; l'ennemi peut légitimement s'emparer du bâtiment et de la cargaison; flétri dans la guerre terrestre, le pillage des biens privés est autorisé sur mer; il y a là une contradiction manifeste qu'aucune raison, qu'aucun prétexte ne sauraient justifier.

On répond en faisant ressortir toutes les différences que la nature des choses a mises entre la guerre terrestre et la guerre maritime. M. Ortolan, dans son intéressant livre sur les *Règles internationales de la mer*, précise de la façon suivante les raisons données par ses devanciers. Il observe :

« 1º Que la marine marchande, soit dans son personnel, soit dans son matériel, est un moyen de puissance navale toujours prêt à venir en aide à l'état belligérant dont elle relève, à recruter la marine militaire, en un mot, à se transformer à la première réquisition en instrument de guerre. A ce titre elle tombe directement sous le coup des forces ennemies qui pourraient l'atteindre.

« 2º Que si la marine marchande et les marchandises qu'elle porte étaient reconnues libres et inviolables, quoique appartenant à l'ennemi, il serait libre à une puissance belligérante, en ne mettant en mer aucun bâtiment de guerre, de rendre illusoire à son égard les effets de la guerre maritime, de continuer à exploiter par les navires de commerce les mers et les continents, et de puiser ainsi des moyens même de soutenir la lutte dans les opérations de cette marine marchande, soit par les impôts, soit par l'accroissement de la fortune privée dont, l'ensemble, en définitive, constitue la fortune de l'État.

Et il ajoute cette conclusion qui manque peut-être un peu de clarté :

« La véritable solution sera celle qui séparera ce qui revient d'une part aux droits des états dans leurs moyens de guerre, d'autre part aux droits des particuliers, et conciliera ces deux droits, autant que possible, dans leur conflit : aux droits des états, la capture des bâtiments de commerce et de leurs cargaisons; aux droits de la propriété privée, dans certains cas particuliers et selon la nature et le but de la guerre, une réserve sur la valeur des objets saisis, à régler soit immédiatement, suivant des règles déterminées, soit à la paix. Voilà suivant nous, le point extrême où la voie du progrès puisse conduire. »

Ortolan, t. 2, p. 50.

En un mot, la justification du droit de prise, c'est la nécessité qui, dans l'exercice des droits de la guerre, est la mesure même de la justice. Le supprimer, c'est réduire à néant la puissance navale des nations maritimes; le jurisconsulte allemand Heffter reconnaît lui-même qu'on ne saurait exiger d'elles un pareil sacrifice.

« On ne prétendra jamais contester à une puissance engagée dans une guerre la faculté de s'emparer des navires qui appartiennent soit à l'État, soit à des sujets ennemis, ainsi que de leurs cargaisons. Aucune nation n'est tenue de laisser ouvertes les routes de mer qui peuvent faciliter à ses ennemis les moyens de prolonger la lutte, et de permettre la continuation d'un commerce préjudiciable au sien. Soutenir le contraire, ce serait défendre une chimère. »

Aussi, lorsqu'en 1859 les chambres de commerce des plus grandes villes d'Angleterre envoyaient à lord Palmerston des députations pour lui demander de faire cette grande concession, cet homme d'État leur répondait :

« L'existence de l'Angleterre dépend de sa prépondérance
» maritime, et celle-ci ne se pourrait maintenir si l'État se
» dépouillait du droit de capturer la propriété privée de l'en-
» nemi et de faire prisonniers les équipages des navires
» marchands. Une puissance maritime comme l'Angleterre
» ne peut renoncer à aucun moyen propre à affaiblir ses
» ennemis et les marins de leurs navires marchands qu'elle
» ne ferait pas prisonniers seraient bientôt employés à com-
» battre sur les navires de guerre. Du reste, la propriété privée
» n'est pas plus respectée sur terre qu'elle ne l'est dans les
» guerres maritimes ; car une armée, lorsqu'elle envahit un
» pays ennemi, y prend tout ce dont elle a besoin. »

Mais il faut, à notre avis, aller plus loin. Il faut montrer que la contradiction n'est pas aussi forte qu'on l'imagine entre les pratiques de la guerre terrestre et celles de la guerre maritime et que, même avec le droit de prise, la guerre maritime est encore infiniment moins cruelle et moins désastreuse que ne l'est la guerre terrestre.

On proclame bien haut que sur terre la propriété privée est à l'abri de l'exercice des droits de la guerre, qu'elle est inviolable. Mais en réalité que vaut cette inviolabilité ? A coup sûr, l'ennemi ne peut enlever ni la maison, ni la terre; et il y a à cela de bonnes raisons qui ne sont pas puisées dans la modération du vainqueur; mais il crible la maison de ses obus; il en chasse les habitants, et y installe ses soldats, il ravage les récoltes, s'empare de tout ce qui peut lui servir, il accable les citoyens paisibles de réquisitions et de contributions de guerre. Quand l'ennemi quitte la ville, les propriétés sont dévastées et les habitants ruinés; ce qui n'empêche pas les auteurs des traités sur le droit des gens de s'incliner bien bas devant les progrès de cette civilisation merveilleuse à laquelle on doit le grand principe du respect de la propriété privée en temps de guerre.

Et il ne faut pas croire que les pertes effroyables subies par les provinces envahies en 1870 soient dues uniquement à la cruauté des armées allemandes; à cette « barbarie tudesque » dont l'Italie a tant souffert et qu'un de ses poëtes a flétrie de ce nom qui lui est demeuré. Ce sont des conséquences forcées de la guerre; vaincue, l'Allemagne les aurait subies; la férocité de nos ennemis les a seulement rendues plus cruelles et plus intolérables. En outre, le système de guerre inauguré par la Prusse en 1866 et en 1870 s'imposera peu à peu à toute l'Europe. Ce ne seront plus des armées de 150,000 ou 200,000 hommes qui seront mises en ligne, mais des masses d'hommes immenses qui seront jetées sur le pays ennemi ! Une effroyable dévastation marquera nécessairement leur passage et les ruines causées par les guerres terrestres tendront plutôt à s'accroître qu'à diminuer.

Quelle comparaison est possible entre de pareils désastres et les pertes causées par la guerre maritime ? On accordera sans peine que les forces navales de l'Allemagne ne sont presque rien, si on les compare à celles de la France ; nous avons donc fait à nos ennemis tout le mal qu'il était possible de leur faire ; leurs ports ont été bloqués, leurs bâtiments poursuivis partout. En résumé, 90 bâtiments leur ont été pris, et la valeur des vaisseaux et des chargements capturés n'atteint pas six millions. (1) Dans cette même guerre, les ruines subies sur terre par des propriétés privée sinviolables, dépassent la somme de six cents millions.

Mais la guerre maritime n'est pas seulement, même avec l'exercice du droit de prise, moins ruineuse que la guerre terrestre ; elle est aussi infiniment moins cruelle, et voici pourquoi. Dans des lettres patentes données par Louis XIV en 1659, et qui contiennent le véritable origine du conseil des prises, on lit ceci :

«L'un des principaux moyens pour conserver l'union et l'amitié que nous désirons entretenir avec nos alliés, et pour empêcher ceux qui voudraient donner trop grande faveur et assistance aux ennemis de cet état, dépend de la règle que l'on doit tenir

(1) Bâtiments pris : 90 ; relâchés : 2 ; restitués par l'art. 13 du traité de paix.

et observer au jugement des prises qui se font à la mer, tant par nos vaisseaux que ceux de nos sujets... A ces causes, nous avons ordonné et ordonnons de vous assembler à l'avenir près de la personne de notre dit oncle de Vendôme, pour tenir ledit conseil et juger les prises qui seront faites en mers de levant et ponant, tant par nos vaisseaux et galions que par les vaisseaux de nos sujets, juger les droits appartenant à nous et à notre dit oncle de Vendôme, bris de vaisseaux ou de choses pêchées en mer et trouvées sur le rivage, régler le salaire des officiers de justice de l'amirauté. Et de ce nous vous avons attribué et attribuons, par ces présentes, toute juridiction et connaissance, et icelle interdisons à tous autres juges ; voulons et entendons que les jugements qui seront rendus par vous ès-choses qui se pourront réparer et définir, soient exécutés, en baillant caution, par les parties intéressées, nonobstant oppositions ou appellations quelconques, desquelles, si aucunes interviennent, nous avons réservé la connaissance à notre conseil pour y être jugées en la forme qu'il sera par nous ordonné. »

Lettres patentes données à Toulouse, le 20 octobre 1659.

(Ce document est rapporté par Lebeau, dans son Code des prises.)

Et la grande ordonnance de 1681 dispose :

Art. 17. — Enjoignons aux capitaines qui auront fait quelque prise de l'amener ou envoyer avec les prisonniers au port où ils auront armé, à peine de perte de leurs droits et d'amendes arbitraires, si ce n'est qu'ils fussent forcés par la tempête ou par les ennemis, de relâcher en quelque autre port...

Art. 21. — Aussitôt que la prise aura été amenée en quelques rades ou ports de notre royaume, le capitaine qui l'aura faite, s'il y est en personne, sinon celui qu'il en aura chargé, sera tenu de faire son rapport aux officiers de l'amirauté, de leur représenter et mettre entre les mains les papiers et prisonniers, et de leur déclarer le jour et l'heure que le vaisseau aura été pris..., et les autres circonstances de la prise et de son voyage.

Art. 22. — Après la déclaration reçue, les officiers de l'amirauté se transporteront incessamment sur le vaisseau pris, dresseront procès-verbal...

Art. 23. — Le procès-verbal des officiers de l'amirauté sera fait en présence du capitaine ou maître du vaisseau pris, et s'il est absent, en présence de deux principaux officiers ou matelots de son équipage, ensemble du capitaine ou officier du vaisseau preneur et même du réclamataire, s'il s'en présente.

Art. 24. — Les officiers de l'amirauté entendront, sur le fait de la prise, le maître ou commandant du vaisseau pris et les principaux de son équipage, même quelques officiers et matelots du vaisseau preneur, s'il est besoin.

Les dispositions de cette ordonnance ont été reproduites par les règlements postérieurs, et elles sont encore appliquées aujourd'hui. Nécessité d'un jugement qui valide la capture, toutes les formes de la procédure judiciaire introduites dans l'exercice des droits de la guerre, des procès-verbaux dressés, des interrogatoires dans lesquels on entend contradictoirement le capteur et le capturé, des juges chargés d'accueillir la plainte de quiconque aurait subi des outrages ou des mauvais traitements ; par conséquent une protection efficace assurée au vaincu contre les emportements et les cruautés du vainqueur, voilà les règles de la guerre maritime. Qui oserait les comparer aux procédés de la guerre terrestre ?

La différence est si saisissante que le jurisconsulte suédois Tetens y trouve la justification du droit de prise.

« Sur terre, s'il était permis ou ordonné à des soldats ou à des compagnies de soldats de piller les particuliers, cela ne pourrait s'exécuter, sans que ceux-ci éprouvassent des duretés, des injures, des mauvais traitements et des violences personnelles. Les victimes chercheraient à cacher tout ce qu'elles pourraient soustraire aux ravisseurs, et ces derniers, non contents de ce qu'on leur présenterait et leur abandonnerait, s'efforceraient d'extorquer encore davantage ; il s'ensuivrait donc nécessairement des vexations et des barbaries, presque toujours sans profit pour ceux qui les commettent, et horriblement cruelles pour ceux qui les endurent. Les suites ne sont pas seulement de simples abus attachés à des circonstances particulières, elles tiennent à la nature même de l'exécution et sont si inséparables de toute attaque contre les particuliers, que nulle loi, nulle ordonnance ne pourrait y obvier. Aussi ces procédés sont-ils constamment réputés injustes par le droit positif des gens et incompatibles avec l'honneur d'une guerre honnête.

» Sur mer, au contraire, la capture peut avoir lieu sans aucune de ces duretés. Le bâtiment ennemi est sommé par l'attaquant, et si l'on ne fait pas de résistance, si la conduite de part et d'autre ne donne pas lieu à de mauvais traitements envers les équipages, ce bâtiment est paisiblement emmené au port, où le capteur met en sûreté sa proie et où le procès sur la légalité de la saisie peut être instruit devant le tribunal. Du moins, est-ce ainsi que les ordonnances des nations civilisées prescrivent la manière d'agir. Il peut y avoir des abus ; il y en a eu beaucoup sur lesquels il a fallu se taire ; mais ces abus ne sont pas liés entièrement à la saisie sur mer, comme ils le sont à l'exécution militaire sur terre ; ce qui est ici le point principal. Il n'y a point sur mer de tracasseries pour la soustraction d'objets, si ce n'est peut-etre à l'égard de quelques papiers que le capitaine peut et doit éviter de livrer. Un capteur n'est ni un pirate ni un corsaire barbaresque. il n'a ni le droit ni le pouvoir de toucher à la cargaison, jusqu'à ce que la loi ait déclaré la prise légale. »

Nicol. Tetens, 2ᵉ sect. § 1, p. 60 à 64.

Sans doute la modération avec laquelle on s'empare du bien d'autrui, ne rend pas licite l'action elle-même. Mais l'observation de Tetens demeure et achève de montrer combien il est faux de prétendre que la guerre maritime soit plus barbare que la guerre terrestre. La justification du droit de prise est dans la nécessité de l'exercer ; sans lui, la guerre maritime n'est qu'un vain mot ; et les nations qui ont employé une partie de leurs richesses et de leurs forces au développement de leur puissance navale ne feraient, en y renonçant, qu'accroître encore l'inégalité des armes avec lesquelles elles sont obligées de lutter contre les puissances exclusivement continentales.

CHAPITRE II.

DES ÉQUIPAGES DES NAVIRES MARCHANDS.

Si les nations maritimes ne peuvent, sans s'amoindrir elles-mêmes, s'engager à respecter sur mer les propriétés de l'ennemi, il semble du moins qu'elles peuvent sans danger renoncer à un droit cruel, celui de faire prisonniers de guerre les équipages des navires marchands. L'exercice de ce droit a donné lieu, pendant la guerre de 1870 à des incidents fort graves et à l'échange de notes diplomatiques dans lesquelles tous les éléments de cette question sont produits et discutés.

En représaille de la capture et de l'internement des capitaines de la marine marchande de l'Allemagne du Nord, le gouvernement prussien fit, dans les mois de novembre et de décembre 1870, arrêter et conduire en Allemagne quarante personnes notables des villes de Gray, Vesoul et Dijon. Le Ministre des Affaires Étrangères protesta aussitôt contre un acte qu'il considérait avec raison comme une violation du droit des gens. Mais la Prusse n'ayant pas relâché les citoyens français, l'opinion publique s'émut et le ministre fut ainsi amené à publier la correspondance diplomatique échangée à ce sujet.

M. de Bismark écrivait dans une note du 4 octobre 1870 :

«Des renseignements sont arrivés au gouvernement royal sur la manière dont étaient traités les équipages des navires allemands de commerce capturés par la flotte française, et on ne saurait y ajouter foi, si ces nouvelles ne reposaient sur les assertions positives et dignes de foi de ceux qui en ont été l'objet.

» De paisibles capitaines de navires de commerce, qui ne pouvaient un seul instant être considérés comme prisonniers de guerre, n'ont pas été traités comme tels, mais bien comme des criminels; ils sont restés sans défense contre les insultes et les mauvais traitements de la populace ; ils auraient même été mal menés par leurs gardiens, jetés en prison, enchaînés et transportés dans l'intérieur de la France, où ils paraissent se trouver dans la plus triste situation. »

Il y a dans cette note deux choses à considérer : 1° la prétention que les capitaines de vaisseau marchands n'auraient pas dû être capturés; 2° l'accusation d'avoir manqué envers eux aux principes d'humanité qui couvrent le prisonnier. Nous laissons de côté ce second grief, réfuté par le Ministre des Affaires Étrangères d'une façon si catégorique que dans les notes suivantes, le ministre prussien ne l'a pas reproduit. (1)

____

(1) Voir ces documents au *Moniteur Universel* du 10 janvier 1871.

Sur la question de droit, le Ministre français répond:

« Nous ne saurions, en premier lieu, admettre avec M. le comte de Bismark que les capitaines et équipages des bâtiments de commerce ennemis capturés par nos croiseurs ne doivent pas être considérés comme prisonniers de guerre. Nous n'appliquons, en les traitant comme tels, qu'une règle internationale dont on trouve la trace dans toute les ordonnances sur la course et les prises, et au sujet de laquelle aucun gouvernement n'a élevé de réclamations en aucun temps.

» La marine marchande, soit dans son personnel, soit dans son matériel, est un moyen de puissance maritime toujours prêt à venir en aide à l'état belligérant dont elle relève et à se transformer, à la première réquisition, en instrument de guerre. A ce titre, elle tombe directement sous le coup des forces navales ennemies qui pourront l'atteindre.

» Il est évident, en effet, que les équipages des navires marchands, étant composés d'officiers et de matelots que les autorités militaires peuvent requérir à tout moment pour un service de guerre, ne doivent pas être considérés tout à fait comme étrangers aux opérations de l'ennemi. Cela est vrai, surtout pour l'Allemagne du Nord, dont les lois militaires font de tout homme valide une recrue pour les armées de terre et de mer aussitôt qu'il a rejoint le territoire de la Confédération.

» Si on se reporte aux anciennes ordonnances, on voit qu'il a toujours été enjoint de *ramener tous les prisonniers avec la prise* (ordonnance de 1400, art. 4; de 1543, art. 20; de 1584, art. 33). Les ordonnances du 15 mars 1784, du 5 mai 1756, du 4 octobre 1760, et l'arrêté du 2 prairial an XI, traitent de diverses dispositions *relatives aux équipages de commerce faits prisonniers,* et notamment de leur *échange.* Toutes les instructions publiées au début des dernières guerres, en 1854 et en 1859, prescrivent de *relâcher les femmes, les enfants, et toutes les personnes étrangères au métier des armes et de la marine qui ne doivent pas être traitées en prisonniers de guerre,* et l'article 19 des instructions du 25 juillet 1870 est conforme à ces précédents.

» Le Gouvernement de la Défense nationale est donc fondé à croire qu'il n'a rien fait dans la guerre actuelle qui ne soit conforme sur ce point aux traditions admises depuis plus de cinq cents ans. Les principes que le gouvernement prussien met en avant et voudrait faire prévaloir seraient peut-être plus en rapport que les anciennes coutumes avec l'état actuel de la civilisation, et il est possible que la marche des idées amène un jour les puissances à conclure des conventions ayant pour objet de tempérer les maux de la guerre, comme cela a eu lieu en 1856. La France serait la première à s'associer à un pareil accord; mais, tant que ces conventions n'auront pas été généralement adoptées, nous sommes en droit de nous en tenir, dans nos opérations sur mer, aux coutumes établies par l'usage constant de toutes les puissances maritimes. »

Cette note est du 28 octobre. La réplique ne se fait pas attendre :

Au Gouvernement de la Défense nationale, à Tours.

Versailles, le 16 novembre 1870.

« J'ai eu l'honneur de recevoir, par l'entremise de l'ambassade royale à Londres, la dépêche du Gouvernement de la Défense nationale, datée de Tours, le 28 octobre.

» Pour ne point paraître les approuver par mon silence, je me vois forcé d'élever des objections contre les arguments contenus dans la note du 18 du mois dernier, et qui cherchent à justifier l'emprisonnement de capitaines et d'équipages des navires de commerce capturés.

» La théorie sur laquelle, pour légitimer ces emprisonnements, M. le délégué du Gouvernement de la Défense nationale à Tours cherche à s'appuyer en invoquant les ordonnances des quinzième, seizième et dix-huitième siècles, présuppose un état du droit maritime et de la civilisation approprié avec ces époques. Si ces dispositions sont passées dans les instructions de 1854, 1859 et 1870, ceci est en opposition avec les principes auxquels on aurait pu croire que la France aurait adhéré par avance. L'argument allégué dans la note que la marine marchande devrait être considérée comme un moyen de puissance maritime, dans son personnel aussi bien que dans son matériel, parce qu'elle est prête à se transformer, au premier appel, en instrument de guerre, n'avait de signification qu'aussi longtemps que l'armement de corsaires pouvait être considéré comme un moyen légitime de la guerre maritime.

» Mais, après que la France aussi bien que l'Allemagne ont renoncé à l'usage de la course, la marine de commerce de ces deux pays et de tous ceux qui ont adopté le principe, n'est plus qu'un instrument de rapports pacifiques. Et si la France a dédaigné, dans cette guerre, d'imiter l'exemple de l'Allemagne et de respecter la propriété privée sur mer, au moins aurait-on dû s'attendre à ce qu'on respectât la personne de paisibles citoyens qui, en aucun sens, ne peuvent être considérés comme faisant partie de la force armée. J'ai été surpris que la note du 28 octobre s'appuyât sur cette proposition, que l'équipage des navires de commerce se compose d'officiers et de matelots qui pourraient, à chaque instant, être appelés au service de guerre et qui ne doivent point, en conséquence, être considérés comme étrangers aux opérations militaires. Et lorsqu'elle ajoute que cela est surtout vrai pour l'Allemagne, où les lois militaires font de tout homme valide une recrue pour le service de terre ou de mer, M. le délégué du Gouvernement de la Défense nationale semble ici négliger le principe de son propre gouvernement, d'après lequel le peuple français tout entier est appelé aux armes, et tout homme capable de porter les armes est tenu, et au besoin contraint par force, d'entrer au service de la République. J'aurais donc ainsi de plus fortes raisons de considérer tout citoyen francais, non pas seulement comme une partie future et éventuelle, mais encore présente et active des forces militaires et de traiter en prisonniers de guerre la population mâle de la France, autant qu'elle est en notre pouvoir ; car chaque Français *peut non-seulement être appelé*, mais encore est appelé. Je dois donc réserver à mon gouvernement de procéder aux représailles qui s'offrent à nous, si le Gouvernement de la Défense nationale devait continuer à mettre en pratique les principes posés par lui. »

Signé : BISMARK.

Enfin cette controverse diplomatique est close par la note suivante :

Au Gouvernement prussien, à Berlin.

Tours, le 4 décembre 1870.

« Le Gouvernement de la défense nationale a reçu, le 1er de ce mois, par l'entremise de la légation des États-Unis à Londres, la note qui lui a été adressée par M. le comte de Bismark, le 16 novembre dernier. M. le chancelier de la Confédération de l'Allemagne du Nord, en répondant à une précédente communication, cherche de nouveau à soutenir que nous agissons contrairement aux principes du droit des gens en traitant comme prisonniers de guerre les officiers et matelots des navires de commerce capturés par nos croiseurs ; il déclare que si le gouvernement français retient ces marins comme prisonniers, sous le prétexte qu'à un moment donné ils peuvent prendre une part active à la guerre, le gouvernement prussien, de son côté, serait autorisé à traiter de même toute la population mâle des provinces occupées par ses troupes, puisque tous les hommes en France sont aujourd'hui appelés sous les armes. En raisonnant ainsi, M. le comte de Bismark paraît oublier que par la force même des choses les populations des départements envahis ne sont point soumises aux dernières levées décrétées par le gouvernement de la Défense nationale ; de plus, on ne saurait en tous cas assimiler les habitants paisibles des campagnes qui n'ont jamais fait l'apprentissage du métier de soldat, à des marins dont la profession constitue en quelque sorte une spécialité militaire ; et c'est là, sans doute, la véritable raison des mesures exceptionnelles, universellement admises par les puissances maritimes, auxquels sont soumis en temps de guerre les hommes désignés sous le nom de *gens de mer*.

Nous n'avons fait qu'appliquer strictement ces usages traditionnels que le Congrès de Paris n'a pas voulu modifier, en supprimant les corsaires, comme la note de M. le comte de Bismark voudrait le laisser entendre, puisque, par sa déclaration du 16 avril, en abolissant la course comme contraire à nos mœurs, il a laissé intact le droit de courir sus à la propriété ennemie et n'a point changé la situation faite aux équipages par les anciennes coutumes. Les bases nouvelles que cet acte solennel a constituées pour le droit maritime ont fait loi jusqu'ici ; elles ont obtenu l'assentiment de toutes les puissances qui, toutes, sont intéressées à leur maintien ; et nous avons trop de respect pour les décisions prises alors par l'Europe assemblée et pour la foi jurée, pour consentir à établir par nous-mêmes sur les questions qu'elle a jugées, une jurisprudence nouvelle.

» Le chancelier de la Confédération de l'Allemagne du Nord

reconnaît du reste lui-même, implicitement, que notre conduite
est conforme aux usages qui ont été mis en pratique dans toutes
les dernières guerres, lorsqu'il écrit que « notre manière d'agir
» est en opposition avec des principes auxquels on devait croire
» que la France avait adhéré *par avance*, » et que notre argu-
mentation n'avait de valeur « qu'aussi longtemps que l'arme-
» ment des corsaires pouvait être considéré comme un moyen
» d'action légitime. »

Ce qui résulte tout d'abord de cette discussion, c'est
qu'en retenant comme prisonniers les capitaines et les
équipages des navires marchands, la France n'a fait
qu'user d'un droit appliqué jusqu'ici par toutes les
nations de l'Europe. Mais à notre sens, c'est là un
droit cruel, et qui, n'ayant pas comme le droit de
prise, la justification de la nécessité, doit être répudié
par tous les peuples civilisés. Si, en effet, il était
permis de faire prisonniers de guerre non pas seulement
ceux qui font partie des forces militaires de l'ennemi,
mais encore tous ceux qui, dans un moment ou dans
un autre, peuvent en faire partie, il serait vrai de dire
qu'on a le droit de faire prisonniers de guerre tous les
hommes en état de porter les armes. On a coutume, il
est vrai, d'ajouter que les marins, et spécialement les
capitaines de navires marchands, font en quelque
sorte partie de l'armée de mer, dans laquelle ils ont
rang d'officiers. Mais on oublie que cela tient au mode
de recrutement de l'armée de mer en France, et qu'il
n'en est pas de même en Angleterre, ni vraisemblable-
ment dans les autres pays. En résumé, deux motifs

ont, suivant nous, conduit à l'établissement de cet usage : 1° la volonté d'enlever à la nation ennemie des hommes dont les connaissances spéciales sont dues à une longue pratique ; mais la même raison condui- rait à faire prisonniers de guerre les financiers, les ingénieurs, les magistrats ; 2° la nécessité d'interroger les capturés pour s'assurer que les capteurs n'ont pas enfreint les règles de la guerre maritime. Cela est en effet nécessaire ; mais rien n'empêche, lorsque la prise a été ramenée au port et l'instruction achevée, de relâcher l'équipage capturé. Ajoutez à cela que dans une grande guerre comme celle de 1870, la France n'a pas fait sur mer plus de deux cent cinquante prisonniers, ce qui n'a pas assurément beaucoup amoindri la puis- sance militaire de l'Allemagne du Sud. Ainsi, l'exercice de ce droit inflige à des citoyens paisibles de cruelles souffrances morales ; il irrite l'ennemi sans produire chez lui un affaiblissement véritable. L'humanité le condamne, et les nécessités de la politique ne le dé- fendent pas.

CHAPITRE III.

DE LA NATURE DU DROIT DE PRISE. — D'OU L'ON DÉDUIT
LA VÉRITABLE NATURE DES JUGEMENTS
RENDUS PAR LE CONSEIL.

Qui songerait aujourd'hui à contester que le droit
de prise, mode d'exercice du droit de guerre, ne soit
un apanage de la puissance souveraine et qu'elle
seule peut en déterminer les conditions et les limites?
Cependant tant que l'usage de la course a subsisté,
cette délégation du droit de l'État à des particuliers a
conduit souvent à méconnaître la véritable nature du
droit de prise et par une conséquence nécessaire, la
véritable nature des décisions rendues par le Conseil
des prises. De 1792 au 6 germinal an VIII, les
diverses assemblées qui se succédèrent manifestèrent
une tendance constante à considérer le débat entre
le capteur et le capturé comme un débat privé, dont
le jugement devait naturellement appartenir aux
tribunaux ordinaires. C'est ainsi que les tribunaux
de commerce jugèrent en premier ressort les questions de prises et que l'appel de leurs décisions dut
être porté aux tribunaux de district. Bien qu'une
pareille erreur ne soit plus aujourd'hui commise par

personne, il importe cependant de rapprocher d'une décision du conseil qui va être rappelée, un document considérable dans lequel la véritable nature des attributions de ce tribunal se trouve précisée avec une remarquable netteté.

« Avant de discuter à quelle autorité il appartiendra de
» statuer en dernier ressort sur les prises, il faut commencer
» par examiner de quelle nature sont les contestations qui se
» présentent dans cette matière. La plupart des orateurs ont
» regardé les prises comme un objet purement civil, d'où ils
» ont conclu qu'il n'y avait que les tribunaux ordinaires qui
» pussent en connaître : je pense au contraire que les prises
» appartiennent entièrement aux droits de la guerre et qu'elles
» ne peuvent être considérées que sous le rapport que les
» nations ont entre elles.... S'il arrive qu'un armateur
» français, par erreur ou guidé par son intérêt personnel,
» s'empare d'un vaisseau ou d'une cargaison appartenant à
» un sujet d'un État neutre ou allié, c'est comme si un
» général d'armée violait le territoire ou mettait à contribu-
» tion un pays neutre ou allié qu'il aurait cru ennemi. Qui
» pourrait ne pas sentir que l'un et l'autre de ces cas sont
» étrangers au droit civil, aux tribunaux, et qu'ils sont de la
» compétence du gouvernement ? Ces cas sont absolument,
» comme je l'ai déjà dit, des droits de guerre, des relations
» extérieures ; ils tiennent aux intérêts de la nation.
» Dans la République, c'est le directoire exécutif qui est
» chargé de négocier les traités, de faire exécuter et de main-
» tenir ceux qui sont faits. Il est responsable envers les
» nations étrangères de la conduite de ses agents, s'ils ont
» commis une offense, une injuste capture, une violation de
» propriété, par cela qu'il en est responsable, il faut qu'il ait
» la faculté de la réparer. Si on s'écarte de cette marche

» simple et commandée par la nature des fonctions émi-
» nentes attribuées au directoire exécutif, il peut en naître une
» foule d'inconvénients et là paix d'une nation entière peut
» être troublée pour l'intérêt d'un armateur ou par l'ignorance
» d'un tribunal. . . . .

. . . .

» Tant que ces lois subsisteront, on aura quelque raison de
» soutenir avec la constitution que les tribunaux civils sont
» les tribunaux d'appel et que le directoire exécutif ne peut
» en aucun cas connaître de ces matières, ce qui serait extrê-
» mement funeste.

» Au lieu qu'en considérant les prises comme un droit de
» la guerre et faisant juger les contestations auxquelles elles
» donnent lieu par voie administrative, tout aboutit en dernier
» ressort au Gouvernement ; et par ce moyen on concilie à la
» fois ce qu'exigent les principes de la constitution, les con-
» venances politiques et l'ordre naturel des choses.

» Dans ce système, il suffira d'indiquer dans les ports une
» autorité qui prenne toutes les mesures conservatoires
» recueille les renseignements et qui fasse pour ainsi dire
» toute l'instruction. On peut créer ensuite une commission
» résidante auprès du Gouvernement. Je ne voudrais pas
» qu'elle eût le moindre caractère judiciaire, parce que je ne
» pense pas qu'elle doive être indépendante et que ses déci-
» sions puissent être absolues. C'est un conseil et non un
» tribunal. »

> (Discours de Thibaudeau au Conseil des Cinq-Cents rapporté
> par Pistoye et Duverdy. Voir le *Moniteur* du 3 ventôse
> an IV.)

Il est difficile de déterminer plus clairement la
nature des attributions du conseil des prises et la
portée de ses décisions. Cependant le conseil a été
saisi en 1870 d'une espèce sur laquelle s'est élevée la

question de savoir dans quelles limites le conseil est
lié par les décisions de l'administration supérieure.

Le navire *Ghérardine*, appartenant à la confédération de l'Allemagne du Sud, part de Malte dans
l'ignorance de l'état de guerre; il relâche aux Sorlingues, où il apprend que la guerre a éclaté : ce
fait est reconnu par le capitaine dans son interrogatoire. Le navire avait à bord des marchandises françaises, des marchandises neutres et des marchandises ennemies. Les marchandises françaises étant
à destination du Hâvre, la *Ghérardine* y entre le
29 août. Aux termes de l'art. 1er des instructions
données par le ministre de la marine le 25 juillet
1870, (1) les bâtiments de commerce ennemis qui
auraient pris des cargaisons à destination de France
et pour compte français antérieurement à la déclaration de guerre ne seront pas sujets à capture, pourront librement débarquer leurs chargements dans les
ports français et recevront des saufs-conduits pour
retourner dans leurs ports d'attache. Mais la *Ghérardine* ne pouvait invoquer cette disposition, puisqu'elle avait à bord des marchandises ennemies.
Elle ne pouvait pas davantage jouir du bénéfice de
cette autre disposition des instructions du 25 juillet
qui accorde un délai de 30 jours et un sauf-conduit
aux navires ennemis, qui entrent dans un port français dans l'ignorance de l'état de guerre, puisque le

____

(1) Voir ces instructions aux Annexes.

capitaine reconnaissait qu'il avait pleine connaissance de cet état. Elle devait donc être déclarée de bonne prise ainsi que les marchandises ennemies qu'elle avait à bord. Cependant le 30 août, le commissaire à l'inscription maritime autorise le déchargement du navire, fait délivrer les marchandises françaises et les neutres, mais saisit et met sous séquestre la marchandise ennemie. A la date du 7 septembre, un sauf-conduit est remis au capitaine qui reprend la mer, mais la saisie maintenue sur la marchandise ennemie, le tout sur avis du ministre de la marine. Le conseil était donc appelé à se prononcer sur le sort de cette marchandise ennemie, amenée dans un port français par un bâtiment que l'autorité supérieure n'avait pas traité comme ennemi. On trouvera à la page 60 la décision du conseil.

CHAPITRE IV.

JURIDICTION ET PROCÉDURE.

Pistoye et Duverdy. Traité des Prises maritimes f° 140-345. — Dalloz, Rép, v. Prises maritimes, Nos 291-305

Section Ire. — *Juridiction.*

Après le droit, viennent la juridiction et la procédure. Il suffit de rappeler que sous l'ancienne monarchie, le jugement des prises était une des prérogatives de la charge de M. l'amiral. Il exerçait ce droit ou par lui-même, ou par ses lieutenants. On trouve la trace de cette délégation dans l'ordonnance de 1400. Mais la nécessité de confier l'examen de ces affaires souvent délicates à des hommes versés dans la connaissance des règles du droit des gens, conduisit peu à peu à la création d'une sorte de tribunal ; les lettres patentes du 10 décembre 1659, qui ont été rapportées plus haut, créèrent un véritable conseil des prises ; il fonctionna jusqu'en 1789, bien que ses décisions fussent rendues au nom de l'amiral. Le recours contre les jugements fut porté d'abord au conseil du roi, puis au conseil des finances.

De 1791 à l'an VIII, les prises furent jugées tantôt par le gouvernement lui-même, tantôt par les tribunaux ordinaires. Pour appliquer dans toute sa rigueur le principe de la séparation des pouvoirs, on méconnaissait de la façon la plus grave la véritable nature du droit de prise, et on remettait à des juges statuant d'après les règles du droit privé, rendant des décisions souveraines, le droit de trancher des questions qui pouvaient compromettre la nation tout entière vis-à-vis des puissances étrangères. Des plaintes unanimes s'élevèrent ; l'arrêté des consuls du 6 germinal an VIII, institua le Conseil des prises, et rendit d'une façon définitive à l'autorité politique le soin de statuer sur ces contestations éminemment internationales.

Ce fut ce Conseil des prises qui statua sur toutes les captures faites pendant les guerres de l'Empire. Il fut supprimé en 1815, et jusqu'en 1854, le conseil d'État fut chargé de ses attributions. La paix presque absolue dans l'Europe jouit pendant cette période, rendit d'ailleurs ces questions extrêmement rares. Le Conseil des prises fut rétabli par le décret des 18 juillet et 1ᵉʳ août 1854 ; ses fonctions cessèrent le 1ᵉʳ juin 1856, après le rétablissement de la paix. La guerre d'Italie rendit nécessaire l'établissement d'un nouveau conseil, qui fut institué par décret du 9 mai 1859. Il n'était point encore dissous lorsque, le 28 novembre 1861, fut rendu le décret suivant : « Le Conseil des prises, » institué par notre décret du 9 mai 1859, statuera » pendant tout le temps durant lequel il sera maintenu » sur toutes les demandes et contestations relatives à » la validité des prises maritimes, dont le jugement » doit appartenir à l'autorité française. »

Le Conseil des prises, institué en 1859, maintenu dans ses attributions par le décret de 1861, n'a point été dissous ; de sorte qu'il est vrai de dire que, de temporaire, il est devenu permanent ; modification sans importance, puisque les fonctions des membres du Conseil sont gratuites. Ce n'est pourtant pas ce tribunal qui a statué sur le plus grand nombre des captures faites par la marine française pendant la guerre de 1870. On sait que les officiers d'administration des ports doivent, aussitôt qu'un navire capturé y est amené, procéder à l'instruction, et dès qu'elle est achevée, envoyer les pièces au Ministre de la marine qui, en les déposant au secrétariat du Conseil des prises, saisit le Conseil lui-même (arrêté du 2 prairial an XII, art. 69 et 77). Conformément à ces prescriptions, le Conseil permanent fut saisi du jugement des captures faites dès le début de la guerre. Mais dès que Paris fut investi, il fut évident qu'il n'était pas possible de repousser jusqu'à l'époque indéterminée du rétablissement des communications, la solution des questions dans lesquelles un grand nombre de sujets neutres étaient intéressés. Cette nécessité conduisit la délégation du Gouvernement à rendre, le 27 octobre 1870, le décret suivant :

La délégation du Gouvernement de la Défense nationale,

« Sur le rapport du vice-amiral ministre de la marine et des colonies ;

» Considérant qu'il importe de ne pas laisser en souffrance les intérêts des neutres engagés dans les questions de prises, que l'interruption des communications avec Paris ne permet pas de soumettre au conseil permanent des prises les instructions déjà déterminées et celles qui le seront jusqu'à une époque indéterminée ;

» Décrète :

» Art. 1er. Un conseil provisoire des prises est institué au siége de la délégation du Gouvernement de la défense nationale.

» Art. 2. Le conseil est composé :

» D'un président, de quatre membres et d'un commissaire du Gouvernement.

» Les membres composant le conseil sont pris parmi les fonctionnaires des départements de la Justice, des Affaires étrangères et de la Marine, en nombre égal et nommés sur la présentation des ministres de leur département respectif. Leurs fonctions sont gratuites.

» Un secrétaire-greffier est attaché au conseil.

» Art. 3. Ce conseil remplacera le conseil des prises institué à Paris, jusqu'au rétablissement des communications ; il en aura les attributions et procèdera dans les mêmes formes. Les parties auront le droit de signer les mémoires et requêtes qui seront présentés au conseil des prises.

» Art. 4. Le conseil provisoire sera dissous aussitôt que le conseil permanent pourra fonctionner.

» Le registre de ses décisions sera alors déposé aux archives du conseil permanent.

. . . . , ...
. . . .

» Art. 6. Le ministre de la marine et des colonies est chargé de l'exécution du présent décret.

» Fait à Tours, le 27 octobre 1870. »

Le Conseil provisoire a fonctionné jusqu'au 26 février 1871, et il a statué sur presque toutes les prises faites pendant la guerre.

Nous ne signalerons, dans le décret du 24 octobre, qu'une seule disposition. Elle apporte à la législation précédente une modification assez grave. Aux termes de l'article 3, les parties peuvent présenter elles-mêmes leur défense. Au contraire, l'article 7 du décret du 9 mai 1859, qui n'est lui-même que la reproduction de l'arrêté du 7 ventôse an XII, donne aux avocats, au Conseil d'État le droit privatif de signer les mémoires et requêtes qui sont présentées au Conseil des prises ; cette modification était justifiée, comme le décret lui-même, par les nécessités du moment ; mais il eût été bon, en donnant aux parties la faculté de signer elles-mêmes leurs mémoires, de les obliger à faire, dans le lieu où siégeait le Conseil, une élection de domicile pour la notification des décisions du Conseil.

Section II. — *Procédure.*

Toute l'autorité des jugements vient du droit de défense et de cette présomption que le juge n'a prononcé qu'après que chaque partie a fourni ou a été sommée de fournir ses justifications. Il est donc essentiel de déterminer avec soin les délais et les formes dans lesquels les parties doivent être mises en demeure de présenter leurs réclamations et leurs preuves. Les anciennes ordonnances avaient réglé la procédure des prises avec un extrême détail. Nous avons passé de cet excès à l'excès opposé. Ainsi, le règlement du 17 juillet 1778, intitulé : « Règlement pour l'établis- « sement du conseil des prises et la forme d'y pro- « céder, » contenait la disposition suivante :

« ART. 8. — Les dits capitaine de vaisseau preneur ou officier chargé de là prise, seront interpellés par le juge de l'amirauté qui recevra leur déclaration, d'élire domicile dans le lieu du siége de l'amirauté où la prise sera conduite, ainsi qu'à la suite du conseil ; et en cas de refus, le juge leur déclarera que l'enregistrement fait au greffe de l'amirauté, tant de l'ordonnance du conseil des prises qui prononcera sur icelles que de tel autre acte qu'il conviendra de signifier ou communiquer, vaudra signification : mêmes interpellations et déclarations seront faites par le dit juge au capitaine, ou à son défaut au principal officier du bâtiment pris, lorsqu'il procédera à leur interrogatoire.»

La première partie de cet article est devenue sáns objet depuis l'abolition de la course ; mais la disposition finale est excellente et on ne s'explique pas pourquoi les officiers d'administration des ports l'ont laissé tomber en désuétude, sans qu'elle ait été formellement abrogée par aucune ordonnance postérieure.

Ainsi, encore l'article 13 de l'arrêté du 6 germinal an VIII, contient la règle suivante :

ART. 13 : — « L'instruction se fera devant le conseil des » prises sur simples mémoires respectivement commu- » niqués par la voie du secrétariat aux parties ou à leurs

» défenseurs qui justifieront préalablement de leurs droits et
» de leurs pouvoirs. — Les délais pour cette instruction ne
» pourront excéder trois mois pour les prises conduites dans
» les ports de la Méditerranée, et deux mois seulement pour
» les autres ports de France, le tout à compter du jour où les
» pièces auront été remises au secrétariat du Conseil des
» prises. »

La règle posée par cet article est incomplète et trop vague. Elle ne détermine pas quels seront les délais de l'instruction pour les prises qui ont été conduites dans d'autres ports que ceux de France ; et de plus, en laissant au conseil la faculté d'abréger les délais, puisqu'elle fixe seulement le temps que l'instruction ne pourra pas dépasser, elle investit le juge d'un droit dangereux qu'il est le plus souvent embarrassé d'exercer. L'équivoque est le pire défaut des lois.

Cette insuffisance de l'arrêté du 6 germinal an VIII qu'aucune loi postérieure n'a réparée, était déjà sentie par Portalis qui fut le premier commmissaire du gouvernement près le Conseil des prises : dès le 3 prairial, il prenait sur ce point des conclusions imprimées et rendues publiques par décision du Conseil.

On y lit :

« L'instruction, en termes de jurisprudence, se compose de deux parties : celle relative à l'établissement des faits, et celle consacrée au développement des points de droit.

» Le droit naît du fait : la partie de l'instruction qui sert à fixer les faits dans chaque cause, est donc la première et la plus essentielle ; elle est la substance des jugements.

» Je place dans cette partie de l'instruction tout ce qui tend à mettre sous les yeux du juge les pièces ou les témoignages qui motivent les demandes et les exceptions des parties ;

» Elle ne peut jamais se suppléer, parce que les faits ne se suppléent pas : mais le juge peut suppléer le droit ; il le doit même, quand les parties négligent de le développer ou de l'établir ; car le droit appartient à tout le monde ; personne n'est présumé l'ignorer, et moins encore un magistrat qui en est, par ses fonctions, le dépositaire et le dispensateur.

» Il doit y avoir un délai convenable pour l'instruction en général ; car, puisque les parties ont la faculté de se défendre, il faut qu'elles en aient le temps ; mais quand une cause est instruite, il faut la juger. Des délais uniquement ménagés pour l'instruction ne doivent pas devenir des obstacles au jugement quand l'instruction est faite : s'il en était autrement, on tournerait au préjudice des parties les règles même qui n'ont été établies que pour leur avantage, et on ferait, pour ainsi dire, violer la loi par la loi même.

» Tels sont les principes etc. . . . .

. . . .

Et plus loin :

« Dans les affaires de prises, l'instruction fondamentale est dans les pièces de bord, dans les interrogatoires subis par les équipages, dans les déclarations reçues par ceux à qui la prise est dénoncée, et dans les procédures faites pour constater la conduite respective du capteur et du capturé, et pour fixer la qualité du pavillon et celle des effets pris.

» Tous les actes relatifs à ces différents objets sont communs à toutes les parties.

» On ne peut, sans doute, priver ces parties de la faculté de raisonner sur les actes du procès, d'en démêler les irrégularités ou la fraude s'il y en a, et de développer tous les moyens de droit qui peuvent naître de ces actes. Un juge ne doit pas fuir la lumière ; il est sujet à l'erreur, comme les autres hommes ; il doit souffrir qu'on éclaire sa religion.

» Mais cette sorte d'instruction, qui ne consiste qu'en raisonnements, en réflexions, ou en développements de quelque point de droit, ne doit point être laissée au caprice des parties trop souvent intéressées à suspendre le jugement qui les menace. Le juge demeure donc arbitre des limites qu'il est utile de prescrire aux longueurs et aux délais, sans cela interminables, de la défense.

» Mais il est de la substance des jugements, que les parties soient en présence ou dûment appelées, et qu'aucun jugement ne puisse intervenir à leur insu, à moins qu'elles ne puissent s'imputer à elles-mêmes leur défaut de comparution.

» L'instruction devant le conseil est sommaire ; mais on doit y observer tout ce qui est de la nécessité de la défense.

» D'après les règles connues de la justice, il est des cas où il faut appeler une partie, *eam in jus vocare*. Il en est d'autres où il suffit de la constituer en demeure.

» On appelle une partie, quand on exerce contre elle un recours ou une action qu'elle ne connaît point encore, et qu'elle pourrait ignorer toujours, si on ne lui en donnait pas connaissance.

» On la constitue en demeure, quand il s'agit seulement de hâter les opérations dans une instance déjà contradictoirement formée.

» Dans les contestations relatives aux prises, le capteur et le capturé sont en présence depuis le moment même de la prise. Toutes les premières procédures leur sont communes, ainsi que les pièces qui préjugent leurs droits respectifs. Tout est contradictoire dès le début, et c'est dans cet état que les affaires arrivent au conseil. Il ne peut donc pas être question, dans l'instance qui s'ouvre devant le conseil, d'appeler des parties qui sont déjà en cause. Ces parties sont suffisamment averties de veiller à leur propre intérêt, de se rendre dans le lieu des séances du conseil, ou d'y constituer procureur pour y suivre le mode de l'instruction établi par les règlements. Elles sont averties que les délais donnés par ces règlements courent du jour de la remise au secrétariat des pièces de première instance. S'agissant ici d'une justice exercée avec des formes administratives, l'interpellation précise de la loi dispense de celle de l'homme : *Lex interpellat pro homine.*

» J'ai dit que dans plusieurs circonstances les délais peuvent être abrégés par le juge : mais alors il faut que la partie soit constituée en demeure par quelque monition particulière, puisqu'on sort de la monition générale de la loi. Cette monition particulière doit être faite en exécution d'une ordonnance du conseil qui interviendra sur la pétition de la partie la plus diligente, le commissaire du gouvernement entendu, et qui déclarera qu'il sera passé outre au jugement dans tel ou tel délai. L'ordonnance du conseil est nécessaire, parce qu'il n'appartient qu'à lui d'abréger les délais selon sa conscience et équité, quand les deux parties ne sont pas d'accord sur cette abréviation. Au reste, cette ordonnance doit être notifiée à la diligence de la partie qui l'obtient. »

Conclusions de Portalis, du 3 prairial an VIII, imprimées et rendues publiques par décision du Conseil des Prises.

(Voir le document entier dans le Code des prises de Lebeau.)

Maître du droit de déterminer les délais dans lesquels les décisions seraient rendues, le Conseil a employé successivement différents moyens pour mettre les parties en demeure de présenter leurs réclamations.

Le Conseil provisoire des prises de 1870 a d'abord fait publier un avis au *Moniteur*, ensuite il a fait faire aux capitaines prisonniers en France une notification par voie administrative. On verra enfin dans plusieurs décisions rendues par le Conseil, qu'il s'est constamment préoccupé de la nécessité de laisser aux parties un temps vraiment suffisant pour produire leurs réclamations. Mais cette incertitude et le luxe de précautions qu'elle entraîne montrent mieux encore combien serait préférable une disposition législative.

Section III. — *Limites de la compétence du Conseil des prises.*

Juger si d'après les règles du droit des gens, la capture est légale, telle est la fonction du Conseil; elle détermine nettement les limites de sa compétence. Si donc des contestations s'élèvent entre divers revendiquants sur la propriété des prises capturées, le Conseil n'a point à trancher le différend, à moins que cela ne soit indispensable pour prononcer sur la validité de la capture. Si des dommages intérêts sont dus aux capturés, le Conseil doit en poser le principe, mais renvoyer devant un tribunal de commerce désigné par lui pour faire la liquidation des dommages-intérêts.

Le Borussia

Le Conseil des prises n'est juge que de la validité de la capture :

Les questions de propriété ne peuvent être tranchées par lui que si cela est nécessaire pour déterminer la nationalité du navire ou celle de la cargaison.

15 décembre 1870.

« Le Conseil, ouï......, après en avoir délibéré;

» Considérant que le trois-mâts barque *Borussia* a été capturé par l'aviso à vapeur *le Corse* le 6 août 1870 ; que la nationalité ennemie de ce navire est démontrée tant par l'instruction que par les papiers de bord ; qu'il ressort de la charte partie et du connaissement que le navire a été chargé par les sieurs Scaramanga et Cie de Londres ; qu'elle est aujourd'hui revendiquée par le sieur Harper, s'en prétendant propriétaire par suite d'endos successifs ; que les pièces sur lesquelles il appuie sa réclamation ne sont pas produites, et que d'ailleurs le Conseil n'a point à trancher la question de propriété de la cargaison, quand la neutralité s'en trouve d'ailleurs établie ; que le fret est dû au navire en raison de l'avancement du voyage et qu'il y a lieu d'évaluer le transport de Taganrog à Oran à la moitié du voyage total ; dit que les effets et objets personnels appartenant au capitaine et à l'équipage leur seront immédiatement rendus, s'ils ne l'ont déjà été ; déclare bonne et valable la prise du navire *Borussia*; ordonne qu'il sera vendu par les soins de l'administration de la marine ; déclare neutre la cargaison dudit navire qui sera remise à qui de droit à charge de verser : 1° Le montant du fret d'après la charte-partie liquidé par l'administration de la marine sur le pied de moitié du voyage total ; 2° les frais faits pour la conservation de la marchandise sur état fourni par l'administration ; dit que les sommes nettes provenant tant de la vente dudit navire que des versements faits par le propriétaire de la cargaison seront versées à la caisse des invalides de la marine pour être ensuite réparties conformément à la loi. »

Le Ludwig.

Le Conseil est juge de la question de propriété des marchandises, lorsque la solution de cette question est nécessaire au jugement de la capture elle-même.

27 février 1871.

« Le Conseil ouï. . . . . après en avoir délibéré, considérant que des papiers de bord et de l'instruction résulte la preuve que le brick *Ludwig*, capturé le 24 octobre par le *Desaix*, a été construit en 1836-1837 à Rostock ; qu'il appartient à trente copropriétaires, tous nord-allemands ; qu'ainsi sa nationalité ennemie est établie ; considérant qu'il résulte d'un procès-verbal signé par le capitaine capturé que le navire a dû être détruit pour cause d'intérêt majeur. — En ce qui touche la cargaison ; considérant que le navire a été chargé de bois à Riga par les sieurs Mitchell et Cie, à destination de Tynedock ; que la charte-partie trouvée à bord non plus que le connaissement n'indiquent le destinataire, que cette cargaison est aujourd'hui revendiquée par le sieur H... qui s'en prétend propriétaire par suite de l'endos qui aurait été fait à son profit du connaissement de la marchandise ; que la pièce produite par le sieur H... porte en effet une signature Mitchell, mais que cette signature ne saurait avoir d'autre effet que de régulariser le connaissement et ne peut constituer un endos; que même en faisant la part du peu de rigueur des usages commerciaux, il est indispensable que l'endos pour être translatif de propriété, contienne les mentions substantielles d'un acte de cette nature, et spécialement le nom de l'acheteur; qu'ainsi le sieur H... ne justifie pas que la propriété de ladite marchandise lui ait été transmise; considérant d'ailleurs qu'aucune preuve n'est rapportée de la propriété des sieurs Mitchell ni de leur qualité de sujets neutres. Par ces motifs, dit que les effets et objets personnels appartenant au capitaine et à l'équipage leur seront immédiatement restitués, s'ils ne l'ont déjà été déclare bonne et valable la prise du navire *Ludwig*, ainsi que de sa cargaison; déclare le sieur H... non recevable dans sa réclamation; dit que navire et cargaison ont été détruits par force majeure et qu'il n'y a lieu à répartition. »

CHAPITRE V.

> PISTOYE et DUVERDY, Traité des Prises maritimes,
> v. 1er, titre III.
> DALLOZ, Rép., v. Prises no 12 et s.

Le droit de prise étant un des modes de l'exercice du droit de guerre commence avec la déclaration de guerre. Cependant comme il y aurait une sorte de cruauté à s'emparer de bâtiments qui, dans l'ignorance du danger qui les menace, naviguent en pleine sécurité, les nations civilisées se sont imposé à elles-mêmes de ne plus exercer ce droit dans toute sa rigueur. Le 25 juillet 1870, le ministre de la marine adressait aux officiers commandant les bâtiments de la marine française des instructions dont l'art. 1er est ainsi conçu :

« Dès ce moment vous êtes requis de courir sus à tous les bâtiments de guerre de la Prusse et des États de la Confédération de l'Allemagne du Nord et de vous en emparer par la force des armes ; vous aurez également à courir sus à tous les bâtiments de commerce ennemis que vous rencontrerez en mer ou dans les ports et rades de l'ennemi, et à les capturer ainsi que leurs cargaisons, sous les exceptions suivantes :

» Un délai de trente jours a été accordé aux bâtiments de commerce ennemis pour sortir des ports français, soit qu'ils s'y trouvent en ce moment où qu'ils y entrent ultérieurement dans l'ignorance de l'état de guerre et ces bâtiments seront pourvus de saufs-conduits, ainsi que l'explique l'annexe n° 3.

» En outre les bâtiments de commerce ennemis qui auront pris des cargaisons à destination de France et pour compte français antérieurement à la déclaration de guerre, ne seront pas sujets à capture, pourront librement débarquer leurs chargements dans les ports français, et recevront des saufs-conduits pour retourner dans leurs ports d'attache. »

Avant de rapporter les décisions dans lesquelles le Conseil des prises a eu à appliquer ces prescriptions réglementaires, il convient de signaler une lacune qu'elles présentent. Si un navire entre au Hâvre dans l'ignorance de l'état de guerre, un délai de 30 jours lui est accordé pendant lequel il n'est pas sujet à capture. Si le même navire, en vue du port de Hâvre, rencontre un croiseur français, il est de bonne prise. Il y a là une contradiction qu'il convient de faire cesser. On ne peut pas dire, pour la justifier, que le délai de 30 jours est un délai de grâce, que le belligérant est maître de ses faveurs et qu'il n'en doit compte à personne. Ce n'est pas une générosité capricieuse qui a peu à peu introduit la faveur de ce délai dans les usages de la guerre, mais la crainte de commettre une sorte de lâcheté en surprenant un ennemi sans défiance ; par la même raison, on ne commence les hostilités qu'après une déclaration de guerre formelle. Il serait conforme à ces principes de déclarer non sujet à capture tout navire qui justifierait par son journal qu'il n'a pu avoir connaissance de l'état de guerre, ou du moins tout navire dont les papiers de bord établiraient qu'il se dirige vers un port français. En cas de doute, la capture serait déclarée valable, parce que la charge de la preuve incombe nécessairement à celui qui soulève une exception. *Reus excipiendo fit actor.*

L'Agnès.

Bien que la prise d'un navire chargé pour compte français ne soit pas valable, cependant ni les capturés ni le destinataire n'ont droit à des dommages-intérêts, lorsque le capteur a pu concevoir des doutes sur la nationalité des destinataires.

(Décision conforme à la jurisprudence du Conseil d'État.)

29 novembre 1870.

«Le Conseil, vu la réclamation adressée par MM. Eschenauer Benecke et Cⁱᵉ, ouï. . . . . après en avoir délibéré ; considérant qu'à la date du vingt-six septembre 1870, l'aviso le *Dayot* a capturé un brick à voile, voyageant sous pavillon de l'Allemagne du Nord, qu'il a reconnu pour être le brick *Agnès* du port de Stettin, capitaine Bruss ;

» Considérant que ce navire est reconnu nord-allemand, mais qu'il a pris son chargement avant la déclaration de guerre et a quitté Viborg le douze juin ; que ce chargement est à destination de France et pour le compte des sieurs Eschenauer, Benecke et Cie;

» Considérant que la nationalité française des sieurs Eschenauer père et fils et du sieur Benecke est établie par pièces authentiques ;

» Considérant toutefois que la nationalité du chargement n'était pas clairement démontrée par les pièces trouvées à bord ; que le connaissement était à ordre ; que les hésitations du capitaine ont dû faire naître des doutes sur la nationalité des sieurs Eschenauer et Benecke et que par suite les capteurs n'étaient pas *a priori* suffisamment édifiés pour relâcher la prise avant jugement;

» Vu la déclaration du Gouvernement français en date du 21 juillet 1870, § 4; déclare invalide la capture du navire nord-allemand *Agnès* du port de Stettin, capitaine Bruss; ordonne en conséquence que le navire, ensemble ses agrès, apparaux et sa cargaison seront remis en l'état au capitaine qui sera tenu de continuer son voyage pour aller remplir ses engagements en remettant son chargement aux mains des sieurs Eschenauer et Cie, à Bordeaux, où il lui sera délivré un sauf-conduit pour retourner à son port d'attache; dit qu'il n'y a lieu à dommages-intérêts. »

L'Élise von Loutzow.

Les bâtiments de commerce ennemis chargés de marchandises pour le compte de maisons étrangères établies en France ne jouissent pas du bénéfice du délai de 30 jours accordé aux navires chargés pour compte français.

26 novembre 1870.

« Le Conseil, ouï..... après en avoir délibéré;

» Considérant, en droit, qu'aux termes de la déclaration du 21 juillet 1870, § 4, les bâtiments qui auront pris des cargaisons à destination de France, et pour compte français dans des ports ennemis ou neutres antérieurement à la déclaration de guerre ne sont pas sujets à capture ;

» Considérant, en fait, que le navire *Élise von Loutzow* est parti d'Odessa le onze juillet dernier, chargé d'avoine par Jules Durbec, commerçant français, pour compte des sieurs Fratelli Dallorso, sujets italiens établis à Marseille ;

» Considérant que la nationalité ennemie du navire ressort tant de l'instruction que des papiers du bord ; que ce navire avait connaissance de l'état de guerre avant son arrivée à Marseille ; que son chargement était à destination d'une maison étrangère ;

» Considérant que si les sieurs Dallorso ne justifient pas suffisamment l'avance de deux mille francs qu'ils auraient faite au capitaine, laquelle d'ailleurs ne pourrait à aucun titre demeurer à la charge de l'État, il est équitable, néanmoins, que l'armement supporte les dépenses faites pour le compte du navire jusqu'au moment du séquestre ;

» Considérant que la valeur des prises faites sur l'ennemi appartient en principe à l'État, qui n'a renoncé à se l'approprier en faveur des capteurs que lorsque la prise est faite sur mer ;

» Déclare de bonne prise le navire *Von Loutzow*, capitaine Keppe, ensemble ses agrès et apparaux, ainsi que le fret acquis pour transport de la cargaison ;

» Ordonne que tous les effets personnels et objets appartenant soit aux officiers, soit aux matelots, leur seront immédiatement rendus ; dit que le navire sera vendu à la diligence de l'administration de la marine ; dit que Dallorso frères seront tenus de parfaire le versement du montant du fret par le paiement de la somme de deux mille francs, de laquelle sera néanmoins déduit le montant des dépenses faites pour le compte du bâtiment dans les journées des 26 et 27 septembre dernier, montant à établir par état et conformément aux usages du port de Mar-

seille ; dit que les sommes nettes, provenant tant de la vente
du bâtiment et de ses dépendances que des versements faits
ou à faire par Dallorso pour le fret, seront versées intégralement
au trésor public, déduction faite des droits et parts revenant à
la Caisse des invalides de la marine.

La Ghérardine.

Le navire qui porte à la fois des marchan-
dises ennemies et des marchandises françaises,
ne jouit pas du bénéfice des dispositions de
l'article 1 des instructions du 25 juillet. Il
peut être en conséquence déclaré de bonne
prise.

Le sauf-conduit accordé par le ministre de
de la marine à ce navire, n'empêche pas
l'exercice du droit de prise sur les marchan-
dises amenées. Le Conseil des prises doit se
décider d'après les règles du droit, sans se
préoccuper des actes de l'administration.

29 décembre 1870.

Conclusions du Commissaire du Gouvernement.

« Le soussigné, commissaire du Gouvernement près le Conseil
provisoire des prises, a l'honneur d'exposer au conseil que :

» Le navire oldembourgeois *Ghérardine*, après avoir pris son
chargement à Haïti et relâché aux Sorlingues, où il avait eu
connaissance de l'état de guerre, arrivait au Havre le 29 août
dernier, avec des marchandises à destination de maisons de
commerce françaises, neutres et ennemies. Prévenu du fait,
M. le chef de service de la marine autorisa la délivrance des

marchandises françaises et neutres, ordonna la mise sous séquestre des marchandises ennemies, et prit les ordres du Ministre au sujet du corps du bâtiment lui-même. Par dépêche du 7 septembre, le Ministre approuvait les mêmes prises, relativement aux marchandises, et décidait qu'un sauf-conduit serait remis au capitaine de *la Ghérardine* pour rallier son port d'attache. La saisie des marchandises ennemies a amené une instruction faite par le commissaire de l'inscription maritime au Hâvre, et qui est jointe au dossier.

» Le Conseil est appelé à prononcer sur la question de validité de la saisie des marchandises adressées à MM. Purgold et Cie, de Hambourg, et mises sous séquestre. Pour que la marchandise soit saisissable, il faut qu'elle soit propriété ennemie et sous pavillon ennemi, en vertu de la déclaration du Congrès de 1856. Or, il est établi par le connaissement joint aux pièces de l'instruction, que les 57 balles de coton, les 4 sacs de cire et les 17 cuirs secs mis sous séquestre étaient chargés pour compte de M. Ch. Purgold, de Hambourg ; la cession que ce négociant en a faite à MM. Quesnel frères, du Hâvre, ne saurait être admise, parce qu'elle est postérieure à la saisie ; la nationalité du navire est aussi clairement établie ; elle résulte des pièces de bord qui ont été produites à l'instruction et des déclarations du capitaine au cours de cette instruction ; elle ne peut donc être contestée.

» Dans leur réclamation, MM. Quesnel frères ont fait valoir, pour obtenir remise des marchandises, que cette partie du chargement devait suivre le sort du bâtiment, et que celui-ci avait été relâché. L'objection serait fondée, si la liberté avait été rendue à *la Ghérardine* en vertu d'un droit résultant soit de conventions internationales, soit des déclarations du gouvernement français ; mais il résulte de l'instruction que ce bâtiment ne se trouvait dans aucun des cas d'exception prévus ; il avait, en arrivant au Hâvre, pris connaissance de l'état de guerre, et il ne portait pas un chargement exclusivement à destination de

France et pour compte français. Il était donc saisissable, et si le droit rigoureux lui eût été appliqué, il n'est pas douteux que le Conseil n'eût validé sa prise ; en autorisant la délivrance d'un sauf-conduit, le Ministre de la marine a fait une faveur à *la Ghérardine* ; le Conseil n'a pas à rechercher les motifs qui ont pu amené le gouvernement à appliquer à ce bâtiment le droit de grâce, qui est sa prérogative ; il n'a pas à rechercher non plus par quelles raisons il a cru devoir borner au corps du navire l'immunité qu'il a refusée aux marchandises ennemies. »

Le Conseil, ouï. . . . . après en avoir délibéré ;

Considérant que le trois-mâts, nord-allemand, *la Ghérardine* est entré au Hâvre le vingt-neuf août dernier ; qu'il résulte de l'interrogatoire subi par le capitaine : 1° Qu'étant parti d'Haïti dans l'ignorance de l'état de guerre, il en avait eu connaissance aux Sorlingues où il avait relâché ; 2° Que sa cargaison se composait de marchandises françaises, neutres et ennemies ;

Considérant que le trente août le Commissaire à l'inscription maritime autorisa le déchargement du navire, fit délivrer les marchandises françaises et neutres, mais saisit et mit sous sequestre la marchandise ennemie ; qu'à la date du sept septembre, sur avis du ministre de la marine, un sauf conduit fut remis au capitaine, mais la saisie maintenue sur la marchandise ennemie ; que cette partie de la cargaison se compose de cinquante-sept balles de coton, quatre sacs de cire et dix-sept de cuirs secs qu'il résulte du connaissement ainsi que de l'interrogatoire du capitaine qu'elle était la propriété des sieurs Ch. Purgold de Hambourg ; qu'à la date du trois septembre ils ont transmis le connaissement par endos aux sieurs Quesnel frères du Hâvre qui revendiquent la marchandise ; en ce qui touche le dit transport, considérant qu'il est de principe de déterminer la nationalité du chargement d'après

la nationalité de celui qui en est propriétaire au moment de la
capture ; qu'ainsi à supposer même que la cession d'une marchandise frappée et saisie soit valable, elle ne peut en faire
disparaître le caractère ennemi. En ce qui touche le fond ;
considérant qu'aux termes de la déclaration du congrès de
de Paris du 16 août 1856, la marchandise ennemie est saisissable sous pavillon ennemi ; considérant qu'aux termes des
instructions du 25 juillet 1870, sont seuls exemptés de la
capture les bâtiments de commerce ennemis qui auront pris
cargaisons à destination de France et pour compte français ;
considérant qu'il résulte des pièces de bord et de l'interrogatoire du capitaine que le navire était ennemi et la marchandise ennemie ; que vainement les sieurs Quesnel argumentent
du sauf-conduit accordé par le ministre au capitaine du
navire ; que d'abord cette autorisation donnée au capitaine
de s'éloigner des ports de France impliquait si peu l'immunité
de la cargaison ennemie qu'au contraire par le même acte le
ministre approuvait la saisie qui en avait été faite ; que c'est
là d'ailleurs un acte d'administration publique dont le Conseil
n'a point à se faire juge, mais qui ne peut en quoi que ce
soit modifier les principes de droit public sur lesquels seuls
le Conseil doit appuyer sa décision ; par ces motifs, rejette
la réclamation des sieurs Quesnel frères ; déclare de bonne
prise la marchandise mise sous séquestre comme étant marchandise ennemie, chargée à bord d'un navire ennemi ;
ordonne qu'elle sera vendue à la requête de l'administration de la marine ; dit que les sommes nettes provenant de
cette vente seront versées au trésor, déduction faite des
sommes revenant à la caisse des invalides de la marine.

CHAPITRE VI.

DES LIEUX OU PEUT S'EXERCER LE DROIT DE PRISE.

LEBEAU — Nouveau Code des Prises — 1809 — Préambule.
ORTOLAN — Règles internationales de la mer, T. 1, Chap. VII et VII.
PISTOYE et DUVERDY — Traité des prises maritimes, T. 11, Chap. I.
DALLOZ — Rép. v. Prises maritimes ; no 29 et suiv.
Rapport au ministre sur la pêche côtière (Document non publié, communiqué par le ministère de la marine).

Rien n'est plus curieux que de suivre dans l'histoire des relations extérieures les progrès de la raison humaine dans la question de la liberté des mers. Il est aujourd'hui universellement admis que, par sa nature, la mer ne saurait devenir la propriété de qui que ce soit, homme ou nation. Ce principe souffre toutefois exception pour les ports, les rades, les golfes, les baies, les mers fermées et enfin les parties de la mer qui baignent les côtes et que les publicistes désignent sous le nom de mer territoriale. On accorde aux nations maîtresses des côtes adjacentes, non pas un droit de propriété à laquelle la nature des choses se refuse, mais un droit de souveraineté et d'empire, un pouvoir de législation, de surveillance et de juridiction. La sécurité des frontières maritimes est à ce prix.

La conséquence de ce principe est que la nation riveraine aura le droit de faire des règlements sur la navigation dans la mer territoriale, sur la pêche; qu'elle y fera respecter sa souveraineté et par conséquent, en cas de guerre, sa neutralité. Les belligérants ne s'y livreront pas de combats : il n'y sera pas fait de captures.

Mais sur l'étendue même de cette zone, il n'y a point d'accord entre toutes les nations et c'est encore un des points sur lesquels il serait bon qu'un traité fît cesser les incertitudes. On dit communément que la portée du canon détermine l'étendue de la mer territoriale; la France et l'Angleterre ont toujours maintenu ce principe, dont la raison est évidente. Mais, en contradiction avec cet usage des deux plus grandes puissances maritimes, on trouve : 1° Un ukase de l'Empereur de Russie du 16 septembre 1821, sur les limites maritimes de l'Amérique russe, des îles Aléoutiennes et de la côte orientale de la Sibérie; cet ukase fixe à cent milles italiens les limites de la mer territoriale; — 2° Une ordonnance du roi de Danemark du 26 mars 1751 qui fixe à 15 lieues l'étendue de la mer réservée sur les côtes de Groenland. — 3° Diverses ordonnances relatives aux mers d'Islande qui fixent à 4 milles l'étendue de la mer réservée. — Il faut d'ailleurs ajouter que les prétentions de ces divers souverains n'ont jamais été reconnues ni par la France, ni par l'Angleterre. Non-seulement elles n'ont jamais admis qu'une nation pût exercer un droit de souveraineté sur une partie de la mer qui, dépassant la portée du canon, ne peut être utilement défendue, mais encore, pour faire cesser toute incertitude, elles ont, par une convention sur la pêche côtière du 2 août 1839, fixé à 3 milles marins de la laisse de la basse mer l'étendue de la mer territoriale. Ce sont ces principes qui ont été appliqués par le Conseil des prises dans la décision suivante :

Le Frei.

L'étendue de la mer territoriale est de 3 milles marins à compter de la laisse de la basse mer.

19 janvier 1871.

« Le Conseil, ouï. . . . . après en avoir délibéré ; considérant que la goëlette *Frei*, capturée le 28 novembre 1870 par l'aviso à vapeur *le Desaix*, a été construite à Rosbeck en 1860-1861 pour le compte du capitaine Fritz Gallas, de Ribnitz ; qu'elle appartient, d'après les papiers de bord et les déclarations du capitaine lui-même, au capitaine pour 1/4 et pour trois autres quarts à divers individus, tous sujets mecklembourgeois ; qu'ainsi sa nationalité ennemie est démontrée ; considérant que dans l'interrogatoire subi par lui au port d'arrivage, le capitaine Gallas a articulé qu'il croyait avoir été capturé trop près de terre, dans la limite des eaux territoriales anglaises ; que bien qu'aucune réclamation régulière n'ait été adressée au Conseil, ni par le capitaine, ni par les autres propriétaires du navire, la nature même de cette allégation impose au Conseil l'obligation d'en examiner l'exactitude ; considérant que des documents soumis au Conseil et notamment du rapport du commandant du *Desaix*, du journal de bord et du procès-verbal de capture, il résulte que *le Desaix* a aperçu d'abord *le Frei* vers deux heures à moins de trois mille de la côte anglaise ; que pour ne point le détourner de sa route qui l'éloignait rapidement de la terre, *le Desaix* se dirigea en sens opposé ; que pendant deux heures et demie le commandant français fit prendre différents relèvements qui furent immédiatement portés sur une carte installée sur le pont, et qu'on ne gouverna sur le bâtiment allemand que lorsque les relèvements indiquèrent qu'il était à cinq milles de la côte anglaise ; considérant que le capitaine Gallas a signé sans protestation ni réserve le procès-verbal de capture ; qu'il s'est plaint pour la première fois dans son interrogatoire ; qu'il y a d'ailleurs entre ses réponses et celles du capitaine en second des contradictions grossières qui enlèvent toute autorité à leurs allégations ; qu'ainsi le capitaine en second prétend avoir relevé au compas le feu de Dungeness, tandis que le capitaine Gallas reconnaît n'avoir point mesuré la distance avec des instruments, mais ne l'avoir jugée qu'à son estime ; qu'ainsi encore le capitaine en second prétend qu'on a cherché à échapper à la poursuite, tandis que le capitaine Gallas reconnaît qu'en voyant le bâtiment français se diriger sur lui, il a cherché à lui échapper en gouvernant droit sur la terre, manœuvre inexplicable si le capitaine avait eu la certitude d'être dans la limite des eaux neutres ; considérant dès lors qu'il est établi pour le Conseil que *le Frei* a été capturé à cinq milles de la côte anglaise ; que la limite des eaux territoriales est considérée par toutes les puissances maritimes de l'Europe comme s'étendant à une portée de canon au-delà de la laisse de la basse mer ; qu'il est généralement admis que cette portée est de trois milles marins et qu'elle a été ainsi déterminée dans les accords faits entre la Grande-Bretagne et la France au sujet de la pêche côtière ; qu'il est ainsi surabondamment démontré que *le Frei* a été capturé en mer libre ; — En ce qui touche la cargaison ; considérant que le navire était chargé de neuf mille six cent soixante-cinq madriers qu'il avait pris à Archangel pour les conduire à Plymouth ; considérant qu'il résulte des papiers trouvés à bord que cette cargaison appartient soit aux sieurs Brand et Morny de Londres, soit aux sieurs Bayley et Fox de Plymouth ; qu'ainsi sa neutralité est établie ; par ces motifs, dit que les effets et objets personnels appartenant au capitaine et à l'équipage leur seront immédiatement rendus, s'ils ne l'ont déjà été ; déclare de bonne prise le navire *Frei* ; ordonne qu'il sera vendu à la diligence de l'administration de la marine ; déclare neutre la cargaison du dit navire ; ordonne qu'elle sera remise à qui de droit à charge d'acquitter : 1° Le frêt à raison de l'avancement du voyage liquidé par l'administration de la marine d'après la charte-partie et sur le pied du 42/43 du voyage total ; 2° Les frais qui ont pu être avancés pour la conservation de la marchandise sur l'état fourni par l'administration de la marine ; dit que les sommes nettes provenant tant de la vente du navire que des versements à faire par les propriétaires de la cargaison seront versées à la caisse des invalides de la marine pour être ensuite réparties conformément à la loi. »

CHAPITRE VII.

BATIMENTS ENNEMIS.

Dalloz — Rép. v. Prises maritimes, Nos 43 et suivants.

Dans aucune des affaires soumises au Conseil des prises, il ne s'est élevé de contestations, ni même de doutes sur la validité de la prise des navires capturés. Leurs pièces de bord étaient régulières ; elles indiquaient une nationalité ennemie, qui n'était d'ailleurs pas contestée par les capitaines. On a cru, néanmoins, très-utile de joindre aux annexes un tableau dressé par le ministère de la marine, et contenant les conditions qui déterminent la nationalité du bâtiment d'après les lois particulières de chaque puissance maritime. En effet, en cas de doute, c'est d'après la loi étrangère que la nationalité du bâtiment doit être déterminée.

En parcourant ce tableau, on voit qu'un navire peut avoir le droit de porter le pavillon de certaines nations, bien qu'il appartienne pour partie à des citoyens d'un autre pays. Que faudra-t-il donc décider, si un bâtiment appartient pour partie à des ennemis, et pour partie à des neutres? Cette question ne pouvait s'élever avant la déclaration du Congrès de Paris, puisque la propriété neutre, voyageant sous pavillon ennemi, était de bonne prise. Il y avait là une assimilation évidente. Mais, depuis que la marchandise neutre n'est plus saisissable sous pavillon ennemi, on comprend qu'on ait été conduit à se demander si la conséquence de ce principe n'est pas de permettre aux neutres qui ont une part de propriété dans le navire capturé, de revendiquer dans le prix une part proportionnelle.

Cette question s'était déjà présentée en 1854, à la Cour d'amirauté d'Angleterre, par suite de la déclaration qu'avaient faite en commun la France et l'Angleterre, au début de la guerre, qu'elles n'entendaient pas profiter du droit de confisquer la propriété neutre voyageant sous pavillon ennemi. L'amirauté anglaise a décidé, le 15 août 1854, que la propriété du navire était indivisible au point de vue de l'exercice des droits de la guerre. La Cour paraît s'être surtout déterminée par des raisons d'utilité et par la considération des moyens que la doctrine opposée fournirait au commerce ennemi pour se soustraire à l'exercice des droits de la guerre. (Voir cette discussion dans Pistoye et Duverdy, t. 1, p. 336.)

La question s'est présentée une première fois devant le Conseil en 1870, à propos de la prise d'un navire nommé *Nord-Deutschland*. Un sujet anglais réclama une part de co-propriété dans le navire. Mais, d'abord, il ne joignait aucune pièce justificative à la réclamation, et d'autre part sa prétention était contredite par les pièces de bord ; celles-ci attribuaient toute la propriété du bâtiment à des sujets prussiens, et cette condition, d'ailleurs, est exigée par les lois allemandes pour que le bâtiment ait le droit de porter le pavillon de la Confédération. La réclamation a donc été écartée par une fin de non recevoir, et pour cette raison, nous ne croyons pas devoir rapporter cette décision.

Mais la question s'est bientôt présentée de nouveau, quoique d'une façon indirecte. Les lois allemandes permettent de constituer, sur le navire, des hypothèques qui paraissent avoir, autant que la nature des choses le permet, des effets analogues à ceux des hypothèques constituées en France sur des immeubles.

Le trois-mâts *Turner* ayant été capturé, M. Hoffmann, courtier à Londres, demanda que le navire, une fois vendu, il lui fut réservé sur le prix une somme de douze mille thalers, montant d'une créance hypothécaire qui résultait du titre authentique suivant :

Des hypothèques. . . . .
. . . .

N° 2. Le capitaine de vaisseau Frédéric Edwin Schultz a engagé à M. C. Hoffmann, courtier de navires à Londres, son navire *Der Turner* pour un prêt de 12,000 thalers, pour lequel

des intérêts de six pour cent par an sont à payer dès le
1er janvier 1866. Cette hypothèque suit immédiatement la précédente sous le numéro 1, et est enregistrée au 23 août 1866,
selon l'ordre du 20 août 1866.

Dantzig, le 23 août 1866.

(L. S.)

Le Collége royal prussien de commerce et d'amirauté.

Signé : VON SVODDECKE.

Sur cette réclamation, le commissaire du Gouvernement s'est exprimé en ces termes :

Conclusions du Commissaire du Gouvernement.

» Le soussigné, Commissaire du Gouvernement près le
Conseil provisoire des Prises, a l'honneur d'exposer au Conseil, que le trois-mâts *Turner*, capitaine Reetzke, capturé le
13 octobre 1870, par l'aviso *le d'Estrée* naviguant isolément a
été construit à Elbing (Prusse) en 1865, qu'il appartient au
port de Dantzig, qu'il a pour seul propriétaire M. Fréd.
Edwin Schultz, sujet prussien ; la nationalité du navire n'est
donc pas douteuse, les faits ci-dessus énoncés résultant soit
de l'instruction, soit des papiers de bord. — Le certificat
de navigation fait mention de deux [créances hypothécaires,
l'une de la somme de 2,000 thalers au profit de M. Koochler,
officier de la marine prussienne ; l'autre de 12,000 thalers
par suite d'un prêt de pareille somme fait à M. Schultz par
la maison Hoffmann et Cie de Londres. Cette maison a
adressé au Conseil une réclamation de cette somme sur le
prix de vente du navire, et on a pensé qu'il pouvait être
fait droit à la réclamation de MM. Hoffmann par analogie

et d'après le principe établi par la conférence de Paris, que la propriété neutre n'est pas saisissable sous pavillon ennemi.

» Le soussigné ne saurait admettre cette interprétation ; la convention annexée au traité de Paris n'a trait qu'aux marchandises et aux chargements, et n'a modifié en rien les lois et conventions antérieures, en ce qui touche le corps du navire.

» Or, d'après la loi française, le bâtiment de mer est meuble et l'hypothèque n'est pas admise sur ce genre de propriété. Le prêt fait par MM. Hoffmann, ne saurait être considéré comme un prêt à la grosse, puisque l'extrait du contrat n'indique ni pour quel voyage, ni pour quel temps il est fait, pas plus que l'époque du remboursement de l'emprunt. Nous ne pouvons considérer l'opération que comme une cession d'une part du navire, cession d'après laquelle MM. Hoffmann sont devenus co-propriétaires du *Turner*. Or, il est de jurisprudence constante que la nationalité du navire est indivisible et que les neutres qui ont des intérêts engagés sur des bâtiments d'une nation belligérante, ne sont point admis à réclamer leur part de propriété ; il est constant qu'un navire qui navigue sous pavillon ennemi avec des papiers ennemis est de bonne prise ; cette doctrine est également celle de l'amirauté anglaise, qui, dans un jugement du 15 août 1858, a décidé que, bien que la cargaison soit divisible et que la part qui appartient à des neutres doive être restituée, le même principe ne saurait être appliqué au navire lui-même.

» En ce qui concerne le chargement, une réclamation a été introduite par MM. Brand et Cie de Londres dont MM. Brand d'Archangel ne seraient que les représentants ; de plus MM. Hoffmann, qui ont déjà fait une réclamation sur le navire, prétendent avoir fait sur le fret des avances pour une somme de 551 livres ster. dont ils réclament le remboursement.

» Cette dernière réclamation ne saurait être admise, même au cas où le chargement serait déclaré neutre ; puisque la pièce produite à l'appui de cette avance ne se trouvait pas dans les papiers du bord, circonstance qui dispense de discuter si les sommes qui y sont portées se rapportent bien à des dépenses rentrant dans la catégorie des dépenses pour les besoins du bâtiment, qui sont seules admises.

» Il reste à examiner si la neutralité de la cargaison est établie par les pièces de bord, et s'il y a lieu de donner main levée du cautionnement souscrit par MM. de Bacque et Letocart, comme représentant de MM. Brandt, au moment où la cargaison leur a été remise sur leur demande.

» Les pièces trouvées à bord consistent en une copie de la charte-partie signée par MM. Hoffmann et Cie au nom du capitaine Roetzke, d'une part, et MM. Brandt et Cie de Londres au nom de MM. Brandt et Cie d'Archangel, de l'autre ; elle est datée du 6 juin et indique que l'affrêtement est conclu pour transport aux côtes est d'Écosse ou pour les côtes de France. — Cette pièce, qui ne porte aucune signature, ne peut avoir de valeur légale ; il en est de même des trois connaissements relatifs à la cargaison ; les connaissements ne portant que la signature du capitaine du *Turner;* la destination n'est indiquée que par le terme trop vague de côtes est de la Grande-Bretagne ; il n'y est pas fait mention du nom du destinataire et ils sont simplement à ordre. Ils sont datés du 19/31 août 1870, c'est-à-dire d'une époque où la guerre était déclarée depuis plus d'un mois et où on savait parfaitement, au point de départ, que les croisières étaient établies. Les intéressés étaient donc en mesure de prendre toutes les précautions pour établir la neutralité des marchandises, si ces marchandises étaient neutres; et les pièces trouvées à bord, qui n'ont du reste aucune valeur légale, ne peuvent être considérées que comme destinées à établir une simulation de propriété.»

Nous ne saurions admettre avec M. le commissaire du gouvernement que les effets de l'hypothèque, consentie d'après les lois allemandes, doivent être déterminées d'après la loi française. Du reste, c'est en se plaçant au point de vue même de la loi prussienne que le Conseil a repoussé la réclamation des sieurs Hoffmann.

Le Turner.

La propriété du navire, au point de vue de l'exercice des droits de la guerre, est indivisible.

L'hypothèque consentie sur un navire d'après les lois allemandes ne donne pas au créancier, sujet neutre, le droit de réclamer le bénéfice de la déclaration du Congrès de Paris.

La neutralité de la marchandise doit être établie par les pièces du bord.

L'endossement qui n'est signé que du capitaine est sans valeur. Il en est de même d'une copie sans authenticité de la charte-partie.

22 décembre 1870.

Le Conseil, ouï, ... après en avoir délibéré ; Considérant que le trois-mâts *Turner*, capturé le 13 octobre dernier par l'aviso *le d'Estrée*, naviguant isolément, appartient au port de Dantzig, et qu'il a pour seul propriétaire le sieur Frédéric Edwin Schultz, sujet prussien ; qu'ainsi il avait droit à porter le pavillon de la Confédération de l'Allemagne du Nord, et que sa nationalité ennemie est établie ; considérant que les sieurs Hoffmann et Cie, courtiers à Londres, ont introduit devant le Conseil une réclamation tendant au recouvrement d'une somme de douze mille thalers par eux prêtée au propriétaire du navire à 6 0/0 d'intérêt, ledit prêt garanti par une deuxième hypothèque sur le navire ; considérant que ce prêt et la garantie spéciale qui lui est donnée, conformément à la législation prussienne, paraissent en effet résulter des pièces de bord ; mais, attendu que la propriété du navire, au point de vue de l'exercice du droit de guerre, est absolument indivisible ; que ce principe est admis d'une façon constante par les tribunaux maritimes de tous les peuples de l'Europe, et notamment par la Cour de l'Amirauté anglaise ; qu'ainsi le sujet neutre, co-propriétaire d'un navire naviguant sous pavillon ennemi et ayant droit à porter ce pavillon, ne peut, si ce navire est capturé, revendiquer contre le capteur sa part de co-propriété ; qu'en supposant même que l'hypothèque, permise par la loi prussienne sur le navire, pût être, comme l'hypothèque constituée par les lois françaises, considérée comme un démembrement de la propriété, cette hypothèque ne pourrait apporter aucun obstacle à l'exercice absolu du droit de la guerre ; que la première réclamation des sieurs Hoffmann et Cie doit donc être rejetée ; en ce qui touche la cargaison, attendu qu'elle est réclamée par les sieurs Brandt et Cie d'Archangel comme étant leur propriété ; attendu qu'aux termes des articles 2 et 11 du règlement du 26 juillet 1778, la neutralité doit être établie par les pièces trouvées à bord ; attendu, en fait, que les capteurs n'ont trouvé à bord du navire qu'une copie sans authenticité de la charte-partie ; que cette pièce n'indique pas les destinataires de la cargaison ; que les trois connaissements ne sont signés que du capitaine ; que les destinataires de la cargaison n'y sont pas désignés davantage ; que toutes ces irrégularités sont d'autant moins justifiables, que le chargement a été opéré après la déclaration de guerre et l'établissement des croisières; qu'en cet état, il y a lieu de considérer la neutralité de la cargaison comme n'étant pas établie; en ce qui touche la réclamation faite par les sieurs Hoffmann et Cie, et tendant au remboursement d'une somme de cinq cent cinquante-une livres sterling, qu'ils prétendent avoir avancée au capitaine à titre d'avance sur le frêt; considérant que les sieurs Hoffmann et Cie essaient de justifier cette réclamation par la production d'une pièce qui ne se trouvait pas dans les papiers de bord; que, d'ailleurs, rien ne justifie que ces sommes rentrent dans la catégorie des dépenses faites pour les besoins du navire; — par ces motifs, dit que les effets et objets personnels appartenant au capitaine et à l'équipage, leur seront immédiatement restitués, s'ils ne l'ont déjà été; déclare mal fondées les deux réclamations des sieurs Hoffmann et Cie, et la demande des sieurs Brandt et Cie; déclare bonne et valable la prise du navire *Turner*, ensemble de ses agrès, apparaux et accessoires; dit également que la cargaison doit être, comme propriété ennemie, réputée de bonne prise; ordonne. . . . .

CHAPITRE VIII.

MARCHANDISES SUJETTES A CAPTURE.

Section Ire. — *Principes généraux.*

La déclaration du Congrès de Paris, du 16 avril
1856, peut être considérée comme la charte d'affran-
chissement des neutres. Jusqu'en 1854, l'Angleterre
maintenait le droit de confiscation sur la marchandise
ennemie, chargée à bord des navires neutres, ce qui
ne pouvait s'exécuter sans soumettre d'une façon constante les bâtiments neutres aux vexations du droit de
visite. Ce droit avait été depuis longtemps répudié
par la France. Mais la France et l'Angleterre exerçaient
le droit de prise sur la marchandise neutre trouvée à
bord d'un navire ennemi, ce qui exposait les neutres,
non pas seulement à des procédés humiliants et à des
retards préjudiciables, mais encore à des pertes
quelquefois extrêmement considérables. Sur ces deux
points, la déclaration du Congrès de Paris est catégorique. Désormais, le pavillon neutre couvre la marchandise ennemie, et la marchandise neutre trouvée

sur bâtiment ennemi n'est pas sujette à capture. Le droit de prise ne peut donc plus être exercé que sur la marchandise ennemie, trouvée à bord d'un bâtiment ennemi. Nous ne parlons pas de la contrebande de guerre, qui est saisissable partout, quand elle est destinée à l'ennemi, même quand elle est neutre, parce que celui qui l'envoie ou la porte manque aux lois de la neutralité, et fait acte de belligérant.

Ainsi réduit, le droit de prise pourrait devenir aisément illusoire. Rien de si facile, que de dissimuler le véritable propriétaire de meubles, et de cacher sous le nom d'un neutre une cargaison ennemie. Le peu de rigueur des formes commerciales, la difficulté d'établir la fraude, alors surtout qu'il est dans la plupart des cas matériellement impossible de se faire présenter les livres des négociants, assurent le succès de ces mensonges pour lesquels on trouve toujours des complaisants ; et , quelle que soit la sagacité des juges chargés de décider ces questions, il est certain qu'elle sera très-fréquemment mise en défaut.

Un usage, dont la pratique du Conseil des prises a démontré la constance, augmente encore la facilité de ces dissimulations. C'est l'usage des connaissements à ordre. Un bâtiment allemand part d'un port d'Amérique, et le connaissement constate qu'il est chargé par M. Müller de marchandises à délivrer dans un port d'Angleterre « sous ordre » *(unto order)*. Le bâtiment est capturé, mais la cargaison est réclamée par un citoyen anglais qui s'en prétend propriétaire en vertu d'un endos mis sur le connaissement. Nous croyons que le Conseil des prises n'est point tenu de se contenter de la production du double du connaissement avec l'endos, mais qu'il a le droit d'exiger la communication de la correspondance, la preuve du paiement, et de faire compulser, par un agent consulaire français, les livres du réclamant, et que ce sont les seuls moyens de savoir si la réclamation est sincère ou frauduleuse.

Enfin il y a deux règles de droit, qui viennent ici puissamment en aide à la justice, et dont on ne saurait par conséquent maintenir avec trop de fermeté l'application. La première est que la marchandise chargée à bord d'un navire ennemi est présumée ennemie; la seconde est que la nationalité doit être justifiée par les pièces de bord.

Nous rapportons ici deux décisions dans lesquelles on trouvera des exemples des moyens qui peuvent être employés par les négociants ennemis pour dissimuler le caractère de leurs cargaisons.

La Magdalène.

Conclusions du Commissaire du Gouvernement.

« Le soussigné, Commissaire du Gouvernement près le Conseil provisoire des prises, a l'honneur d'exposer, que l'instruction faite au port de Brest et l'examen des papiers de bord établissent que le trois mâts capturé le 27 octobre 1870 par le *d'Estaing*, aviso détaché de la division navale des Antilles et de l'Amérique du nord, a été construit en 1856 à Quincy

(Massachussetts), qu'il a été inscrit au port de Brême après achat à Boston par la maison de commerce de Brême D. H. Watzen et Cⁱᵉ, dont les principaux associés sont Christian Henri Watzen de Brême, Charles Luling, établi à New-York et autres citoyens de Brême.

» La cargaison de ce navire se compose de 7,900 barils de pétrole ; la seule pièce relative à la cargaison qui se trouve parmi les papiers de bord est un connaissement signé par le capitaine seul et par suite sans valeur aucune, aux termes des règlements. Ce connaissement indique comme chargeur M. Ch. Luling et pour destinaire la maison D. H. Watzen de Brême ; c'est-à-dire que nous sommes en présence d'une opération faite exclusivement par ladite maison Watzen, qui a acheté et chargé en Amérique par les soins de celui de ses associés qui réside à New-York ; le chargement a été fait sur un navire et pour le compte de la maison qui a son siége principal à Brême où il était expédié. Cette circonstance explique l'absence de charte partie et de facture. Le connaissement n'est qu'un simple bulletin d'ordre remis au capitaine. Le chargement a eu lieu le 1ᵉʳ octobre, c'est-à-dire en plein état de guerre ; il y avait à craindre la visite des croiseurs français, et la nature spéciale du chargement devait attirer leur attention ; il était attendu avec une impatience qu'explique l'usage que les armées prussiennes font du produit qui le composait ; on a cherché à le sauvegarder et l'on n'a rien trouvé de mieux pour arriver à ce résultat que dé le faire considérer comme propriété neutre. A cet effet on a mis sur le connaissement la mention « propriété américaine » et on lui a joint une déclaration devant le collecteur de la Douane de Boston, dans laquelle un sieur T...., citoyen américain, affirme que la cargaison lui appartient. Mais cette pièce, en admettant même qu'elle soit régulière, n'est pas une preuve ; et rien ne démontre le droit de propriété de M. T....
— La preuve de la neutralité des marchandises devant

être faite à bord, il serait inutile de pousser l'examen plus loin; nous dirons pourtant un mot des réclamations introduites par M. T..... : Dans cette réclamation M. T..... affirme par devant notaire qu'il est citoyen américain, ce que nous ne contestons pas, et que le chargement de *la Magdalène*, dont il produit un connaissement et une facture, est sa propriété; comme dans les papiers de bord, il n'y a là qu'une affirmation et non une preuve; connaissement et facture ne font mention que des noms de MM. Luling et Watzen, les véritables propriétaires; et les droits de M. T..... ne sont pas même indiqués par un endossement. Les pièces jointes à la réclamation ne font que confirmer ce que les pièces de bord démontraient : l'intention bien établie de la part des véritables propriétaires de se dissimuler derrière un prête-nom. L'instruction confirme du reste ce fait, et si nous nous reportons aux interrogatoires, nous voyons le capitaine seul affirmer la neutralité de la cargaison, selon les instructions qu'il avait sans doute reçues, tandis que le second et les matelots sont unanimes pour déclarer que le chargement fait par M. Luling était destiné à la maison Watzen. »

Le Commissaire du Gouvernement conclut à ce que la cargaison soit déclarée de bonne prise, et le Conseil rend une décision conforme (*).

l'Élisabeth.

Conclusions du Commissaire du Gouvernement.

» Le soussigné, Commissaire du Gouvernement près le Conseil provisoire des prises, a l'honneur d'exposer au Conseil que de l'instruction faite au port de Cherbourg et de l'examen des papiers de bord, il résulte que la goëlette capturée, le 8 no-

(*) Cette décision a été l'objet d'un pouvoir sur lequel le Conseil d'État n'a pas encore statué.

le 8 novembre 1870, par la corvette le *Château-Renaud*, opérant isolément, porte le nom d'*Elisabeth* ; qu'elle a été construite à Finkenwarder, près de Hambourg, qu'elle est attachée au port de Hambourg, qu'elle appartient en totalité au capitaine David Schuldt de cette ville ;

» Ce bâtiment a pris à Fernambouc, les 27 juillet et 6 août 1870, un chargement de 650 balles de coton, sur la nationalité duquel le Conseil doit statuer. Les pièces commerciales relatives à ce chargement sont d'abord la copie d'une charte partie, sans aucune signature originale des contractants, aux termes de laquelle MM. O... affectent le navire *Elisabeth* pour porter un plein chargement de coton directement à Hambourg. Cette pièce, à laquelle l'absence de signature enlève du reste toute valeur légale, n'indique ni le destinataire, ni le pour compte de la marchandise. Les deux connaissements ne comblent pas cette lacune, ils sont simplement à ordre, sans autre signature que celle du capitaine Popp, de l'*Elisabeth*.

» Il n'y avait donc pas d'hésitation, et, suivant sa jurisprudence constante, le Conseil déclarerait sans doute le chargement de bonne prise, si ces pièces étaient les seules trouvées à bord, Mais aux dates du chargement, si la nouvelle de la déclaration de guerre n'était pas encore parvenue à Fernambouc, elle y était du moins regardée comme imminente et les chargeurs, MM. O..., se sont préoccupés de sauvegarder les intérêts engagés dans le chargement en cherchant à en établir la neutralité. Dans ce but, ils ont fait pour chaque partie du chargement une déclaration que ce chargement est leur propriété, qu'ils sont sujets de la république helvétique et que le chargement est par conséquent neutre, et ils ont remis une lettre d'instructions au capitaine Popp, pour affirmer leur propriété, la neutralité qui s'en suit et le charger de faire valoir leurs droits, au cas où il serait arrêté par un croiseur français. Ces pièces sont visées par le consul suisse à Fernambouc, qui constate la nationalité suisse de la maison O..., et déclare reconnaître le chargement comme propriété suisse.

» Examinons la valeur de ces pièces. Quant au fond, elles constituent une simple déclaration de MM. O... que le chargement est leur propriété ; cette affirmation n'est appuyée d'aucune preuve ; il n'est point dit qu'ils aient fait cette preuve devant le consul de leur nation, et elle ne ressortirait même pas des chartes-parties et connaissement, en admettant même ces pièces comme valables. — Quant à la forme, elle n'est pas plus satisfaisante ; rien ne confirme l'authenticité de la signature du consul suisse, et il est extraordinaire que des négociants qui ont cru devoir prendre des précautions aussi minutieuses pour sauvegarder leurs intérêts aient négligé cette formalité si simple de faire légaliser la signature dont il s'agit par l'agent consulaire de France, ou à son défaut par l'autorité locale ; ce fait ne donne-t-il pas à supposer que la signature à forme allemande, apposée comme signature de l'agent helvétique, est une signature de complaisance, sinon une simulation ?

» Remarquons en outre que, malgré les instructions formelles données au capitaine Popp, aucune réclamation n'a été élevée par celui-ci, qui s'est borné à dire dans son interrogatoire que le chargement appartenait à la maison O..., mais qui n'a pu ou voulu donner aucune indication sur le destinataire, auquel il devrait remettre son chargement. »

Conformément à ces conclusions, le Conseil a rendu la décision suivante :

7 janvier 1871.

« Le Conseil ouï .... après en avoir délibéré ;

» Considérant que le vaisseau *Elisabeth*, capturé le 8 novembre par le *Château-Renaud*, a été construit à Finkenwarder, près de Hambourg, qu'il est immatriculé à ce dernier port et qu'il appartient en totalité au sieur David Schuldt de cette ville; qu'ainsi sa nationalité ennemie est établie; en ce qui touche la cargaison composée de 650 balles de coton; considérant qu'il n'a été trouvé à bord qu'une copie sans authenticité de la charte-partie; que le connaissement n'est signé que du capitaine; qu'il n'indique que le nom du chargeur, la maison O..., maison suisse établie à Fernambouc; que le port de destination est Hambourg, mais que le destinataire n'est pas indiqué; considérant qu'il a été à la vérité trouvé parmi les papiers de bord : 1° une déclaration paraissant émaner du consul helvétique à Fernambouc, d'après laquelle le sieur O... se serait présenté devant le consul pour y attester que le coton chargé à bord de l'*Élisabeth* est sa propriété ; 2° une lettre adressée par le sieur O... au capitaine, par laquelle il lui intime l'ordre, pour le cas où son navire serait capturé, de revendiquer le chargement comme propriété neutre ; considérant que le chargement a été opéré le 28 juillet avec pleine connaissance, sinon de la déclaration de guerre, du moins de l'imminence de cette déclaration ;

» Considérant que la déclaration faite par le sieur O... devant le consul n'est de sa part qu'une simple affirmation qui ne saurait le dispenser d'une preuve ; que, pas plus dans cette pièce que dans le connaissement ni la charte-partie, le sieur O... n'indique le destinataire de la cargaison; qu'il n'énonce pas avoir à Hambourg, soit des correspondants, soit des associés; qu'il résulte du procès-verbal de capture que le capitaine Popp n'a point déclaré la neutralité du chargement; que dans ces circonstances on ne saurait considérer la déclaration du sieur O... que comme un acte de complaisance destiné à couvrir jusqu'en Europe une marchandise certainement ennemie; par ces motifs : dit que les effets et objets personnels appartenant au capitaine et à l'équipage leur seront immédiatement restitués, s'ils ne l'ont déjà été ; déclare de bonne prise le navire *Élisabeth*, ensemble ses agrès, apparaux et accessoires ; déclare également de bonne prise la cargaison dudit navire ; ordonne que le tout sera vendu à la requête de l'administration de la marine, et que les sommes nettes provenant de ladite vente seront versées à la caisse des invalides de la marine pour être réparties conformément à la loi. »

Section II. — *Propriétés ennemies non confiscables, même à bord des navires ennemis. — Effets personnels et pacotilles.*

Ce que les belligérants veulent atteindre par l'exercice du droit de prise, c'est le commerce. Ils exerceront donc ce droit sur les marchandises et non sur les effets personnels. Toutes les décisions rendues par le Conseil contiennent cette disposition que les effets personnels seront restitués au capitaine et à l'équipage.

L'usage s'est aussi introduit d'accorder la même faveur aux pacotilles. Mais il ne saurait en être ainsi, si la pacotille constituait par son importance un véritable chargement. C'est là une question de fait qu'on ne peut résoudre à l'avance par une règle générale.

Le Don Julio.

Les pacotilles peuvent être déclarées de bonne prise, si leur importance permet de les considérer comme un chargement.

1er décembre 1870.

« Le Conseil, ouï...... après en avoir délibéré ;

» Considérant que le 9 octobre 1870, la corvette à vapeur le *Desaix*, opérant isolément, a capturé le trois-mâts-barque *Don*

Julio, naviguant sous le pavillon de l'Allemagne du Nord ; qu'il résulte des papiers de bord et de l'information que ce navire a été construit à Hambourg et qu'il appartient en totalité à M. Lauz, de Hambourg ; qu'ainsi le navire est ennemi ; considérant que s'il est d'usage de remettre au capitaine les effets à son usage personnel, même lorsqu'ils ont une certaine valeur, cet usage n'est consacré qu'à l'égard des objets qui ne sont pas destinés au commerce ; qu'en mettant à bord du *Don Julio* des marchandises diverses, le capitaine a fait acte de chargeur et de commerçant ; que ces marchandises doivent par conséquent être considérées comme un chargement ordinaire ; déclare bonne et valable la prise du navire *Don Julio*, de Hambourg, ensemble de ses agrès, apparaux et accessoires ; déclare également de bonne prise le chargement incomplet de ce navire ; ordonne que la vente desdits navire et chargement sera faite par les soins et à la diligence de l'administration de la marine ; dit que les effets et objets à l'usage personnel du capitaine, lui seront restitués, s'ils ne l'ont déjà été ; dit que les sommes nettes provenant tant de la vente dudit navire que de celle de son chargement seront versées à la caisse des invalides de la marine pour être réparties conformément à la loi. »

Nota. — V. sur ce point le jugement du Conseil sur le trois-mâts *Joan*,

Section III. — *Preuves de la neutralité.*

La neutralité des marchandises doit être démontrée, et elle doit l'être d'après les pièces de bord. La première de ces règles découle des principes généraux du droit ; la seconde résulte de la disposition formelle des articles 2 et 11 du règlement du 26 juillet 1870.

Nous disons d'abord que la neutralité doit être

démontrée. En effet, il ne faut pas oublier qu'il s'agit de marchandises chargées sur un bâtiment ennemi. Jusqu'en 1854, les jurisconsultes anglais maintenaient très-sévèrement l'application d'une règle qui a le mérite irréfutable de couper court à beaucoup de difficultés. Ils déterminaient la nationalité de la marchandise d'après la nationalité du navire qui la portait. C'était en droit anglais une présomption *juris et de jure*, contre laquelle, par conséquent, aucune preuve contraire n'était admise. Ils justifiaient cette règle par la considération de sa simplicité, de sa commodité et des embarras auxquels aurait exposé une règle différente. Mais la justice des lois ne se mesure pas à la facilité de leur application ; et c'est précisément parce qu'il n'y a pas de justice en dehors de la vérité, et que la vérité est difficile à découvrir, que les magistrats doivent être sagaces et éclairés. Déjà, en 1854, l'éminent américain Wheaton disait :

« Les deux maximes : « Navire libre, marchandises libres » (free ships, free goods), et « Navire ennemi, marchandises ennemies » (enemy ships, enemy goods), peuvent être unies ensemble comme concessions réciproques des neutres et des belligérants ; et, en fait, elles l'ont été, la plupart du temps, dans divers traités, dans le but de simplifier les enquêtes judiciaires sur la propriété du navire et de sa cargaison, en faisant tout dépendre de la simple question de la nationalité du navire. Cependant ces deux maximes ne sont pas inséparables. La maxime que les vaisseaux libres font les marchandises libres n'implique pas nécessairement la proposition réciproque que les vaisseaux ennemis font les marchandises ennemies. L'adoption de la règle qu'un navire neutre neutralise sa cargaison est une concession faite aux neutres par les belligérants et donne au pavillon neutre un attribut que ne lui donnait pas le droit des gens primitif. D'un autre côté, la stipulation qui soumet à la confiscation, comme prise de guerre, la propriété neutre chargée à bord d'un navire ennemi, est une concession faite aux belligérants par les neutres, et enlève à ces derniers un privilége qu'ils possédaient d'après le droit des gens existant; mais ni la raison ni l'usage ne rendent ces deux concessions tellement indissolubles que l'une ne puisse avoir lieu sans l'autre (1). »

Le Congrès de Paris a réalisé ce qu'avait prédit Wheaton, et la vieille règle du Consulat de la mer est devenue désormais la règle internationale. Mais, s'il n'est plus vrai de dire aujourd'hui : navire ennemi, marchandise ennemie, il est clair cependant que le caractère ennemi du bâtiment frappe la marchandise d'une présomption qui ne peut être écartée que par la preuve contraire. D'où il résulte que la marchandise doit être réclamée, que la preuve de la neutralité doit être rapportée, et que si les propriétaires de la cargaison gardent le silence, ou ne font pas une preuve complète, la confiscation doit être prononcée.

Nous trouvons cependant, dans les décisions du Conseil des Prises, en 1870, deux jugements qui ont reconnu la neutralité de cargaisons non réclamées. Les propriétaires des cargaisons capturées étaient des négociants considérables, connus dans le monde

____

(1) Wheaton. Élem. of internat. law., vol. 2, p. 164 et 166 ; et dans l'édition française du même ouvrage, t. 2., p. 101 et 103.

entier, l'un comme sujet grec, l'autre comme sujet anglais, et l'on s'explique comment la certitude de prononcer sur une propriété neutre a pu conduire le Conseil à faire fléchir les règles du droit. Il ne serait pas malaisé de montrer que de pareilles décisions ne doivent pas faire jurisprudence. On rapporte seulement l'une de ces sentences.

Le Brillant.

1er décembre 1870.

« Le Conseil,

» Considérant que l'aviso l'*Adonis* a capturé le trois-mâts le *Brillant* ; qu'il résulte des papiers de bord, et notamment de l'acte de nationalité, de la charte-partie et du connaissement que le navire est nord-allemand, mais que la cargaison appartient à MM. Rodocanachi, négociants grecs ; considérant que le fret est acquis au bâtiment, et par conséquent au capteur à raison de l'avancement du voyage ; ordonne que tous les effets personnels et objets appartenant au capitaine et à l'équipage leur seront immédiatement rendus, s'ils ne l'ont déjà été ; déclare bonne et valable la prise du navire le *Brillant,* ensemble de ses agrès, apparaux et accessoires ; ordonne qu'il sera vendu par les soins de l'administration de la marine pour le prix en être versé à la caisse des invalides de la marine, et distribué conformément aux lois et règlements sur la matière ; déclare neutre le chargement du navire ; ordonne que remise en sera faite en l'état à MM. Rodocanachi ou à leurs représentants, à la charge par eux de verser à la caisse des invalides de la marine : 1° La valeur du fret de Taganrog à Oran, d'après la charte-partie et sur liquidation établie par le commissaire de l'inscription maritime à Oran, déduction faite des sommes avancées ; 2° Le montant des frais occasionnés par les mesures conservatoires qui ont pu être prises dans l'intérêt de la cargaison, sur état fourni par l'administration de la marine. »

Le Conseil a rendu, au contraire, un grand nombre de décisions dans lesquelles la règle ci-dessus établie a été appliquée.

Le Wilberforce.

Toute marchandise chargée à bord d'un navire ennemi est présumée ennemie.

En conséquence, si elle n'est pas réclamée, elle doit être déclarée de bonne prise.

5 janvier 1871.

« Le Conseil, ouï....., après en avoir délibéré ; ouï le rapport établissant que le dix-neuf octobre dernier, la frégate la *Sybille* a capturé un bâtiment naviguant sous le pavillon de la Confédération de l'Allemagne du Nord, vu les pièces de bord établissant que ce bâtiment, construit en mil huit cent cinquante-cinq à Chelsea, sous le nom de *Wilbert Fisk*, a été inscrit le huit avril mil huit cent soixante-cinq au port de Brême, sous le nom de *Wilberforce*, et qu'il appartient à un sujet nord-allemand, bourgeois de la ville de Brême ; en ce qui concerne la cargaison, attendu qu'il résulte des pièces trouvées à bord que le destinataire de la marchandise n'est pas indiqué ; que la marchandise semble dès lors être la propriété du chargeur, et qu'en l'absence de réclamation de sa part et de preuve de neutralité, elle doit être considérée comme provenance ennemie ; dit que les effets et objets personnels appartenant à l'équipage et au capitaine leur seront immédiatement restitués, s'ils ne l'ont déjà été ; déclare de bonne prise le trois-mâts allemand *Wilberforce*, ensemble ses agrès, apparaux et accessoires ; déclare également de bonne prise le chargement dudit navire ; dit que le tout sera vendu à la diligence de l'administration de la marine, et que les sommes nettes provenant de ladite vente seront versées à la caisse des invalides de la marine, pour être réparties conformément à la loi. »

Le Wiederkunft.

(Même doctrine.)

2 février 1871.

« Le Conseil,

» Vu le rapport établissant que le quinze novembre dernier, la frégate *la Gauloise*, faisant partie de l'escadre du nord, a capturé, par 54° 19, de latitude nord et 2° 34, de longitude est, un bâtiment nord-allemand, nommé *Wiederkunft* ;

» Vu les pièces de bord établissant que le bâtiment, appartenant au port de Wartingsfehn, était de nationalité nord-Allemande ;

» Vu les procès-verbaux de capture, les interrogatoires et autres pièces jointes au dossier ;

» Vu la déclaration du 20 juillet 1870, de laquelle résulte l'état de guerre avec la Prusse et ses alliés ;

» Ouï le rapport de M....;

» Vu les conclusions de M. le Commissaire du Gouvernement ;

» Attendu qu'il est d'usage que les objets et effets à usage, propriété personnelle du capitaine et de l'équipage, leur soient restitués ;

» Décide que la goëlette nord-allemande *Wiederkunft*, capturée par la frégate la *Gauloise*, ensemble ses agrès, apparaux et accessoires, est de bonne prise ;

» Ordonne qu'il sera, en conséquence, procédé à la vente par les soins et à la diligence de l'administration de la marine, et que le produit en sera versé à la caisse des invalides de la marine pour être réparti conformément aux lois et règlements ;

» Ordonne que les objets et effets à usage, propriété personnelle du capitaine et de l'équipage, leur seront restitués, s'ils ne le sont déjà ;

» En ce qui concerne la cargaison, attendu que rien ne peut faire supposer que le chargement soit neutre ;

» Décide que ledit chargement capturé à bordd u *Wiederkunft* est de bonne prise ;

» Ordonne que la vente en sera faite à la diligence de l'administration de la marine pour être réparti conformément aux lois et règlements. »

Le Paul Auguste.

Brick prussien Paul-Auguste, capturé par l'aviso à vapeur le Souffleur, déclaré de bonne prise comme propriété ennemie ; restitution au capitaine des instruments nautiques, hardes et effets personnels. Chargement de soufre à destination d'un port neutre, contrebande de guerre, sursis.

Pour que la cargaison soit réputée neutre et non confiscable, aux termes de la déclaration du congrès de Paris du 16 avril 1856, la destination apparente du navire allant de port neutre à port neutre ne suffit pas ; il faut encore que les réclamateurs de la cargaison justifient de leur qualité de propriétaires réels et de leur nationalité neutre.

21 décembre 1870.

Le Conseil des prises a rendu la décision suivante :

« Entre :

» Le sieur Maas, capitaine du brick prussien *Paul-Auguste*.

» Et les commandant, état-major et équipage de l'aviso à vapeur français *le Souffleur*, commandé par M. Lamarche, lieutenant de vaisseau ;

Le Conseil :

» Après en avoir délibéré,

» En ce qui concerne le navire,

» Considérant que, tant de l'acte de nationalité, du rôle d'équipage, du journal de mer et du certificat de jauge trouvés à bord, que de l'interrogatoire subi à Brest par le capitaine Maas et son équipage, résulte la preuve manifeste :

» 1° Que le brick prussien *Paul-Auguste* est immatriculé à Colberge-münde (port ennemi) et inscrit sous le n° 313 sur les registres de la marine marchande de la Confédération de l'Allemagne du Nord, sous le pavillon de laquelle il naviguait au moment de sa capture ;

» 2° Que ledit navire appartient à MM. Maager, Brandrupp et Hoffmann, tous trois sujets prussiens établis à Colberg (Prusse), et était monté par un équipage composé de marins ennemis ;

» Qu'ainsi le *Paul-Auguste* est une propriété de tout point et véritablement ennemie qui doit, comme telle, être déclarée de bonne prise, sa capture ayant été faite régulièrement en mer libre ;

» En ce qui concerne la cargaison :

» Considérant que des trois connaissements trouvés à bord et de l'interrogatoire du capitaine ainsi que du manifeste de la douane de sortie, résulte la preuve manifeste que la cargaison du *Paul-Auguste* a été embarquée le 17 juin dernier à Terra-Nova (port neutre), à destination de Rotterdam, port également neutre ;

» Considérant que si le soufre dont se compose cette cargaison constitue un article de contrebande de guerre, il n'est cependant saisissable comme tel, quand ses propriétaires sont neutres, que lorsqu'il est destiné à l'ennemi ;

» Considérant que *le Paul-Auguste* a embarqué sa cargaison dans un port neutre pour un autre port neutre, à une époque où la guerre n'étant ni déclarée ni présumable, le soufre constituait un article de commerce licite ;

» Considérant qu'en l'absence de tout indice résultant soit des pièces trouvées à bord, soit des déclarations faites par le capturé, il est impossible de déterminer si Wolf, Raabe et Cie, de Terra-Nova, chargeurs du *Paul-Auguste*, sont propriétaires de la cargaison ou ont agi comme simples commissionnaires d'ordre et pour compte d'un tiers ;

» Considérant que la même incertitude existe quant à la qualité réelle de Schleusner, Stængel et Cie, de Rotterdam, mentionnés sur l'un des connaissements comme consignataires de 2,500 cantars de soufre ;

» Considérant que le surplus de la cargaison du *Paul-Auguste*, soit 1,300 cantars de soufre, étant consigné à ordre, ne peut être revendiqué contre le capteur, qu'à charge de justifier d'un droit de propriété neutre qui ne se laisse induire d'aucune des pièces trouvées à bord de la prise ;

» Considérant que d'après la lettre et l'esprit de la déclaration du congrès de Paris, en date du 16 avril 1856, les cargaisons embarquées sous pavillon ennemi ne peuvent être revendiquées par les intéressés, qu'à la condition par eux de justifier en due forme de leur droit de propriété et de leur nationalité neutre ;

» Considérant qu'à raison des circonstances, cette double justification n'a pu être faite jusqu'à présent, ni par Wolf, Raabe et Cie, de Terra-Nova, ni par Schleusner, Stængel et Cie, de Rotterdam, ni par les ayants droit du connaissement à ordre trouvé à bord du *Paul-Auguste*,

DÉCIDE :

» 1º La prise du navire prussien *Paul-Auguste* est déclarée bonne et valable pour le produit net en être adjugé aux commandant, état-major et équipage de l'aviso à vapeur de la marine militaire française *le Souffleur*, dans les proportions et suivant les formes prescrites par les édits, décrets, arrêtés et ordonnances en matière de prises, et sous réserve des droits dévolus à la caisse des invalides de la marine ;

» 2º Il est sursis à statuer sur la validité de la capture de la cargaison de soufre trouvée à bord dudit navire *Paul-Auguste*, jusqu'à ce que les propriétaires aient justifié en due forme leur qualité de citoyens neutres ;

» 3º Seront restitués sans frais, au capitaine Maas, les effets, hardes, instruments nautiques, etc., reconnus appartenir en propre à ce marin.

» Fait à Paris, le 31 décembre 1870. »

Nous disons en second lieu que la neutralité des marchandises doit être établie par les pièces trouvées à bord.

Entre l'expéditeur d'une marchandise et le maître du bâtiment qui doit la transporter au-delà des mers il se forme un contrat dont bien des hasards peuvent entraver l'exécution. Aussi on a tout d'abord songé à le constater par écrit ; que cet écrit s'appelle dans le transport par terre lettre de voiture, dans le transport par eau connaissement, manifeste, ou de quelque autre nom que ce soit, il faut qu'il existe et contienne certaines indications essentielles à la sécurité des contractants, savoir : la nature de la marchandise, le lieu d'expédition, le nom de l'expéditeur, le lieu de destination, le nom du destinataire, le nom du bâtiment, le prix du fret ; de sorte que les lois positives des différents peuples n'ont fait que confirmer en les régularisant des usages aussi anciens que le commerce lui-même, parce qu'ils sont nés des premiers besoins qu'il ait sentis.

Dès lors, rien n'est plus équitable que la règle posée par les articles 2 et 11 du règlement du 26 juillet 1778, ainsi conçus :

2. — Les maîtres des bâtiments neutres seront tenus de justifier sur mer de leur propriété neutre par les passe-ports, connaissements, factures et autres pièces de bord, l'une desquelles au moins constatera la propriété neutre ou en contiendra une énonciation précise ; et quant aux chartes-parties et autres pièces qui ne seraient pas signées, veut Sa Majesté qu'elles soient regardées comme nulles et de nul effet.

11. — Veut Sa Majesté que dans aucun cas les pièces qui pourraient être rapportées après la prise des bâtiments puissent faire aucune foi ni être d'aucune utilité, tant aux propriétaires desdits bâtiments qu'à ceux des marchandises qui pourraient y avoir été chargées, voulant Sa Majesté qu'en toutes occasions on n'ait égard qu'aux seules pièces trouvées à bord.

Ce n'est pas sans raison qu'un homme se dérobe à des règles que lui imposent les lois de son pays, un usage constant, son intérêt même. Quand une marchandise est trouvée à bord d'un navire ennemi sans pièces qui établissent où elle va et à qui elle appartient, elle est à bon droit suspecte ; comme la présomption qui l'atteint est créée par celui-là même qui

7

l'a expédiée, il n'a pas le droit de s'en plaindre et il est juste qu'on ne tienne aucun compte des pièces produites après la capture, qui ont pu être fabriquées depuis, et dont la discussion exigerait l'examen des livres même de négociants établis dans des ports lointains.

Toutefois cette règle du règlement de 1778 doit être entendue avec certaines restrictions, quand on l'applique, non aux bâtiments, mais aux marchandises.

Une marchandise est neutre, quand elle appartient à un citoyen d'une nation neutre. La neutralité de la marchandise est donc un fait complexe qui implique la démonstration de deux faits principaux, la propriété de la marchandise et la neutralité du propriétaire. En outre, la disposition du réglement de 1778 repose sur une présomption de fraude parfaitement légitime, quand le navire a quitté le port d'expédition avec connaissance de l'état de guerre, mais qui cesse de l'être quand le chargement a été opéré en pleine paix. Il appartient donc aux juges de tempérer dans l'application qu'ils en font la rigueur apparente des prescriptions de la loi ; ce qu'ils peuvent faire sans la violer, puisque la loi elle-même leur confie le soin de déterminer dans chaque espèce si les pièces trouvées à bord sont suffisantes pour établir la neutralité des marchandises revendiquées. Cependant certains principes généraux se dégagent de l'ensemble des décisions rendues par le Conseil des prises sur ce point important du droit maritime.

D'abord le principe même des articles 2 et 11 du règlement de 1778, la nécessité des pièces de bord établissant la neutralité de la marchandise a été à peu près constamment maintenu par le Conseil, comme il l'avait été par la jurisprudence antérieure. Il n'a été d'ailleurs sérieusement contesté qu'une fois par l'ambassade d'Autriche au nom d'un commerçant autrichien. Cette contestation s'est produite sous forme de lettre adressée par l'ambassade d'Autriche au ministère des affaires étrangères le 4 janvier 1871.

« Monsieur le Comte,

» Par votre lettre en date du 30 novembre dernier vous avez bien voulu me donner l'assurance que vous transmettiez à M. le Ministre de la marine la réclamation du nommé K..., de Vienne, relativement à un envoi d'allumettes saisi par des croiseurs français. Vous avez toutefois ajouté que suivant les règlements français en matière de prises, les pièces rapportées après la capture d'un bâtiment ne pouvaient faire foi et qu'en toute occasion on ne devait avoir égard qu'aux seules pièces trouvées à bord.

» M'étant empressé de porter cette communication à la connaissance de mon gouvernement, je viens d'être chargé de vous exposer les considérations qu'elle a suggérées aux départements impériaux et royaux des Affaires étrangères et de la justice.

» Toute législation en matière de prises distingue entre l'instruction préliminaire et le jugement définitif.

» Pour la première de ces procédures, ce sont en effet généralement les pièces trouvées à bord qui font foi, bien que l'ancienne loi française admette, même sous ce rapport, certains cas où les marchandises peuvent être délivrées aux réclamants contre un cautionnement suffisant.

» Le jugement définitif est basé au contraire sur un autre ordre d'idées tout à fait différent. La loi française du 6 germinal an V, art. 5-12, dit explicitement qu'il est du devoir de l'autorité compétente d'examiner et d'apprécier non-seulement les pièces trouvées à bord, mais aussi tous les autres documents qui auraient été produits à temps.

» Si ce principe a été reconnu à une époque où les droits des neutres ne reposaient pour ainsi dire que sur l'esprit d'équité dont les belligérants croyaient devoir s'inspirer, la déclaration de Paris du 16 avril 1856, en lui donnant une sanction solennelle lui assure une application plus complète et plus générale. En effet, la teneur de l'art. 3 : « La marchandise neutre, sauf la contrebande de guerre, n'est pas saisissable sous pavillon ennemi », implique pour les autorités compétentes en matières de prises l'obligation de ne rien négliger pour se convaincre que la cargaison d'un navire capturé ne se compose pas de biens neutres et de prendre par conséquent en considération toute réclamation qui aura été élevée à temps, c'est-à-dire avant que le jugement soit prononcé.

» Il est de plus incontestable que dans le présent cas, les pièces trouvées à bord suffisent d'autant moins pour statuer sur la provenance de la marchandise que le sieur A..., sous le nom duquel elle est inscrite, y est désigné comme *expéditeur*, ce qui à première vue fait supposer qu'il n'en est pas le propriétaire.

» En vous priant, M. le Comte, de vouloir bien soumettre ces considérations à l'appréciation de qui de droit, je ne doute point que les règlements en vigueur en France, en matière de prises, ne permettent à l'autorité compétente, appelée à se prononcer sur la cargaison du....... de s'inspirer des principes ci-dessus énoncés. »

Dans l'espèce, la marchandise réclamée par le commerçant autrichien était accompagnée d'un connaissement à ordre indiquant comme expéditeur un sujet ennemi, et ne faisant connaître le nom d'aucun destinataire; en sorte que la seule personne à qui les pièces de bord permissent de rattacher la marchandise était un sujet ennemi. La réclamation du négociant de Vienne était donc plutôt contredite que justifiée par les énonciations des pièces qui accompagnaient la marchandise, et, à moins de s'en rapporter entièrement à sa déclaration, il était impossible d'y faire droit. La paix étant survenue, le Conseil n'a point eu à statuer sur cette réclamation.

Il importe de rapprocher de cette réclamation le jugement rendu par le Conseil des prises sur la capture du *Joan*.

Le Joan.

Audience du 31 décembre 1870.

Le trois-mâts prussien Joan, capturé par l'aviso de la marine française le Bougainville, déclaré de bonne prise comme propriété ennemie; pacotille, effets personnels, instruments et cartes restitués au capitaine; cargaison revendiquée par les chargeurs et les consignataires établis en pays neutre.

> *En matière de prises et d'après la déclaration du congrès de Paris du 16 avril 1856, la cargaison neutre, saisie sous pavillon ennemi, ne peut être réclamée que par ses propriétaires réels et à charge par ceux-ci de prouver leur nationalité neutre. Cette qualité ne résulte pas du fait seul d'un établissement commercial en pays neutre.*

Le Conseil des Prises a rendu la décision suivante :

« Entre :

» 1° Le sieur Holtz, capitaine du navire prussien *Joan* ; 2° les consignataires de la cargaison dudit navire ; et les commandant, état-major et équipage de l'aviso à vapeur de la marine militaire française *le Bougainville*, commandé par M. Parizot, lieutenant de vaisseau ;

Le Conseil,

» Après en avoir délibéré,

» En ce qui concerne le navire :

» Considérant que, tant de l'acte de nationalité, du rôle d'équipage, de la charte-partie et du certificat de jauge trouvés à bord, que de l'interrogatoire subi à Cherbourg par le capitaine Holtz et son équipage, résulte la preuve manifeste :

» 1° Que le navire prussien *Joan* est immatriculé à Stralsund, port ennemi, et inscrit sous le n° 577 sur les registres de la marine marchande de la Confédération de l'Allemagne du Nord, sous le pavillon de laquelle il naviguait au moment de sa capture ;

» 2° Que ledit navire appartient à son capitaine, le sieur Holtz, sujet prussien, et était monté par un équipage composé de marins ennemis ;

» Qu'ainsi *le Joan* est une propriété de tout point et véritablement ennemie qui doit, comme telle, être déclarée de bonne
prise, sa capture ayant été faite régulièrement en mer libre ;

» En ce qui concerne la cargaison :

» Considérant que le chargement du *Joan* se compose de marchandises licites embarquées en temps de paix dans un port
neutre, à l'exception de deux caisses que les consignataires
en nom devaient, aux termes de leur connaissement, réexpé-
dier par voie de transbordement à Hambourg, port ennemi ;

» Considérant que la cargaison du *Joan* ayant été chargée bien
avant la guerre pour être transportée d'un port neutre à un
autre, sous pavillon étranger, l'équité veut que la forme des
expéditions et connaissements soit appréciée, non pas exclusivement d'après la teneur des lois françaises, mais plutôt au
point de vue du droit international et des usages commerciaux
consacrés dans les ports de départ et de destination du navire;

» Considérant que dans le Royaume-Uni et dans les colonies
anglaises, comme en Allemagne, la coutume admet la parfaite
régularité des connaissements revêtus de la seule signature du
capitaine, et dégage la responsabilité de celui-ci lorsqu'il dé-
livre la marchandise, contre payement du fret, au consignataire en nom, inscrit sur cette sorte de connaissement;

» Considérant que cette même coutume n'impose pas au capitaine l'obligation d'avoir à son bord des connaissements signés
soit par lui, soit par ses consignataires, soit par tous deux
conjointement;

» Considérant, en fait, que les primata des connaissements
produits à l'appui de la requête des consignataires du *Joan*
portent tous la signature du capitaine Holtz, l'endos des ayant
droit et concordent de tous points dans leur libellé avec les
duplicata non signés de ces mêmes pièces trouvés à bord de la
prise et prêtent ainsi une nouvelle force au commencement de
preuve par écrit qu'il est permis d'induire de ces derniers;

» Considérant que, dans les conditions du voyage qu'accomplissait *le Joan*, il n'y a pas lieu de s'arrêter à la forme des connaissements trouvés à bord, et que, d'après l'esprit tant de la déclaration du congrès de Paris, du 16 avril 1856, que de la déclaration officielle du 20 juillet 1870, il convient de rechercher et d'apprécier uniquement si la propriété neutre de la cargaison est dûment justifiée ;

» Considérant d'ailleurs qu'à ce point de vue, le Conseil, s'il ne peut outrepasser les rigueurs de la loi, puise dans son institution même le droit d'en atténuer la sévérité, surtout quand il s'agit d'apprécier et de sauvegarder les intérêts des neutres ou des alliés ;

» Considérant que, des actes notariés et autres documents produits à l'appui de la requête signée par Me Bosviel, résulte la preuve manifeste que les réclamateurs des marchandises inscrites sur les connaissements cotés 1, 2, 3, 4, 5, 6, 7, 8, 9, 10, 11, 12, 13, 14, 16 et 19 sont tous sujets neutres et propriétaires des denrées qui leur étaient expédiées par leurs correspondants de Belize ;

» Considérant que pour les connaissements cotés 15 et 17, le chargeur est le sieur Cramer, qui ne justifie pas avoir perdu sa qualité de sujet allemand, mais que le destinataire C.-W. Dieseldorff, d'origine hambourgeoise, a été naturalisé dans le Honduras britannique et a établi en due forme sa qualité de propriétaire exclusif de la marchandise qu'il réclame ;

» Considérant que les marchandises inscrites sur le connaissement coté 18, bien que chargées par Hunter et Cie, qui semblent être sujets neutres, sont consignées à Schrœder et Bœminger, commanditaires de la maison Schrœder de Hambourg, port ennemi ;

» Considérant que Schrœder et Bœminger sont tous deux d'origine allemande, et qu'en principe on ne cesse pas d'appartenir à un pays parce qu'on réside dans un autre en vue d'y faire le commerce ;

» Considérant que pour ne plus tenir à sa patrie il faut y

avoir renoncé par l'adoption d'une patrie nouvelle, c'est-à-dire par la naturalisation, seule capable de donner l'intégralité des droits du citoyen ;

» Considérant que de même qu'un neutre, malgré sa résidence en pays ennemi, ne perd pas de plein droit sa qualité neutre, la résidence commerciale d'un ennemi dans un port neutre ne fait pas perdre à celui-ci sa qualité ennemie ;

» Considérant que Schrœder et Bœminger, en réclamant comme consignataires les 15 balles couperose du connaissement coté 18 ne justifient pas avoir acquis par naturalisation la nationalité anglaise et ne fournissent aucune pièce probante à l'appui de leur prétendu droit de revendication contre les capteurs du *Joan*;

» Considérant enfin qu'à l'exception des marchandises consignées à Schrœder et Bœminger par le connaissement coté 18, la propriété neutre de la cargaison du *Joan* telle qu'elle est spécifiée sur les connaissements côtés 1 à 14 inclusivement, 16 et 19, se trouve dûment justifiée et doit être restituée aux ayants droit, conformément à la déclaration du 16 avril 1856.

» Décide :

» 1° La prise du navire prussien *Joan*, de Stralsund, capitaine Holtz, est déclarée bonne et valable pour le produit net en être adjugé à l'aviso à vapeur de la marine française *le Bougainville*, commandé par M. Parizot, lieutenant de vaisseau, dans les formes prescrites par les édits, règlements et arrêtés sur la matière, d'après les proportions voulues par les circonstances de la croisière du capteur et sous réserve des droits dévolus à la caisse des invalides de la marine;

» 2° Les marchandises trouvées à bord du *Joan*, et spécifiées sur le connaissement coté 18, sous les marques $\left(\begin{smallmatrix} S\ et\ B \\ L \end{smallmatrix}\right)$, pour être délivrées à Schrœder et Bœminger, sont déclarées de bonne prise comme propriété ennemie, pour le produit net en être adjugé aux capteurs sous les mêmes réserves que le navire sur lequel elles étaient chargées;

» 3° La capture de 4,500 noix de coco spécifiées sur le connaissement coté 18, sans marque, est déclarée nulle et sans effet ; mais la restitution de ce lot de marchandises, dans l'état où il se trouve, contre payement des dépenses de procédure, gardiennage ou autres ayancées par la caisse des invalides de la marine, et du fret proportionnel acquis au navire jusqu'à Cherbourg, fret dont le montant est adjugé aux capteurs dans les conditions réglementaires spécifiées plus haut, n'aura lieu entre les mains de la compagnie de Honduras britannique ou de ses ayants cause qu'à la charge de justifier que ce lot ne comprend pas 2,000 noix réclamées par le capitaine Holtz à titre de pacotille personnelle ;

» 4° Le surplus de la cargaison du navire *Joan*, tel qu'il se trouve spécifié sur les connaissements cotés 1 à 17 inclusivement et 19, est déclaré n'être pas de bonne prise, et sera, comme propriété neutre, restituée aux réclamateurs ou à leurs ayant cause, contre le remboursement des frais de garde, procédures ou autres, et contre payement, en faveur des capteurs, à qui le montant en est adjugé dans les conditions réglementaires spécifiées plus haut, du fret proportionnel acquis au navire jusqu'à Cherbourg ;

» 5° Les effets, hardes, instruments nautiques et cartes, ainsi que les 2,000 noix de coco réclamées par le capitaine Holtzs, ont restitués à ce marin dans l'état où ils se trouvent et sans frais, à titre de pacotille personnelle.

» Fait à Paris, le 31 décembre 1870. »

On ne saurait, à notre sens, accepter les théories singulières contenues dans ce jugement. Il y est dit, en termes assez vagues, il est vrai, mais cependant suffisamment clairs : 1° que le Conseil des prises n'est pas lié par les articles 2 et 11 du règlement de 1778, et qu'il peut chercher et trouver partout la preuve de la neutralité ; 2° que les usages commerciaux de certains pays considèrent comme valable le connaissement qui n'est signé que du capitaine, et que le Conseil des prises doit conformer ses décisions à ces usages.

Sur le premier point, nous avons dit que le règlement de 1778 n'a été abrogé ni explicitement, ni implicitement ; que la disposition des articles 2 et 11, d'après laquelle les pièces de bord doivent fournir au moins un commencement de preuve par écrit de la neutralité des marchandises chargées à bord, n'est point le résultat d'une exigence capricieuse du législateur, mais résulte de la nature même des choses ; qu'enfin abandonner cette règle sagement entendue, c'est ouvrir la porte à toutes les fraudes, et rendre illusoires les droits laissés aux belligérants par la déclaration du Congrès de Paris.

Sur le deuxième point, nous admettons que, pour apprécier la validité des pièces trouvées à bord, ce n'est pas la loi française qu'il faut consulter, mais la loi ou les usages du pays où les actes ont été reçus; mais ce que nous ne croyons pas, c'est qu'on ait pu établir, par aucun parère que, dans quelque pays que ce soit, le connaissement, signé du capitaine seul, suffise à prouver tous les éléments de la convention qu'il suppose. Le connaissement est l'acte par lequel le capitaine reconnaît avoir reçu du chargeur des marchandises qu'il s'engage à délivrer, dans un port indiqué, à un destinataire désigné, moyennant un prix

convenu. C'est donc éminemment un acte synallag-
matique, et la raison même indique qu'il doit porter
la signature des deux personnes entre lesquelles il est
passé, c'est-à-dire le capitaine et le chargeur. Les
articles 281, 282, 283 et 284 du Code de commerce
n'ont fait que reproduire et sanctionner les usages de
toutes les nations commerçantes.

Il faut, il est vrai, reconnaître que l'obligation principale étant prise dans ce contrat par le capitaine, c'est
sa signature qui est la plus importante, et on
s'explique comment on a été peu à peu amené à
négliger les prescriptions des lois et les conseils de la
prudence. Il n'y a nulle difficulté à admettre que le
connaissement signé du capitaine seul ne fasse titre
contre lui au profit du chargeur ou du destinataire.
Mais quand il s'agit de juger la neutralité de la marchandise, il est clair qu'on ne peut accorder aucune
importance à une pièce qui peut avoir été fabriquée au
moment même de la capture.

Au surplus, on trouvera, dans les décisions suivantes, les distinctions qu'à notre sens il convient de
faire dans l'application du règlement de 1778.

Le Nicolaüs.

*La marchandise chargée sur un bâtiment
ennemi est présumée ennemie. En conséquence,
si elle n'est pas réclamée, elle doit être déclarée
de bonne prise.*

Les pièces trouvées à bord doivent établir la propriété de la marchandise revendiquée. Mais le réclamant peut produire, après la capture, les pièces justificatives de sa nationalité.

En ce cas, le Conseil peut surseoir à sa décision, en impartissant au réclamant un délai pour faire cette justification.

Les pièces de bord peuvent se compléter les unes par les autres. Il suffit que la propriété soit établie par une pièce trouvée à bord.

12 janvier 1871.

Conclusions du Commissaire du Gouvernement :

« Le soussigné, Commissaire du Gouvernement près le Conseil provisoire des prises, a l'honneur d'exposer au Conseil que de l'instruction faite à Fort-de-France (Martinique) et de l'examen des papiers de bord il résulte que le brick-goëlette *Nicolaüs*, capturé, le 15 août 1870, par le *Talisman*, aviso de la divison des Antilles, naviguant isolément, a été construit à Brake en 1860 ; qu'il est enregistré dans le même port, qu'il appartient à quatre co-propriétaires, tous sujets de l'Allemagne du Nord. Ce bâtiment se rendait de Hambourg à la Côte-Ferme avec un chargement varié qu'il devait remettre dans ses relâches successives à Curaçao, à Santa-Martha et à Savanilla, ainsi qu'il résulte des deux manifestes dont il est porteur et qui résument les trente-neuf connaissements relatifs aux diverses parties de la cargaison. Le manifeste relatif aux marchandises à destination des ports de Colombie est en outre traduit en espagnol et certifié par le consul colombien. Remarquons que les manifestes originaires qui, d'après la jurisprudence du Conseil, peuvent être regardés comme un connaissement général, sont réguliers et portent la signature du chargeur, de sorte qu'ils suffisent pour établir les droits des destinataires, en complétant les connaissements partiels et irréguliers. Nous avons à examiner les droits de propriété et de nationalité qui résultent de ces documents et des réclamations qui ont été présentées par divers destinataires; mais avant d'entrer dans cet examen détaillé, il semble utile de résumer ici les principes qui ont jusqu'à ce jour guidé vos décisions; ce résumé permettra de simplifier les observations relatives au jugement du *Nicolaüs* lui-même et de plusieurs autres navires chargés comme lui de marchandises diverses. — Il résulte des lois et règlements et de la jurisprudence du Conseil, que la marchandise chargée sur navire ennemi est supposée ennemie jusqu'à preuve du contraire. La preuve de neutralité doit résulter de documents trouvés à bord. Lors donc qu'un chargement sur navire ennemi a été fait avec la connaissance de l'état de guerre, les papiers de bord doivent établir, non-seulement la propriété de la marchandise, mais aussi la nationalité des propriétaires par pièces authentiques. Si le chargement a eu lieu avant la déclaration de guerre, il serait évidemment trop rigoureux d'exiger que les preuves de nationalité se trouvent à bord, mais on doit exiger que les preuves de propriété existent, et on peut admettre les propriétaires indiqués par les pièces trouvées à bord à faire preuve de leur qualité de sujets neutres par documents produits postérieurement à la capture. C'est au capitaine, représentant légal des intérêts engagés sur son navire, d'aviser à ce que les intéressés soient prévenus et ces derniers doivent faire valoir leurs droits dans un délai dont il appartient au Conseil d'apprécier la durée d'après les circonstances spéciales à chaque affaire. Toute marchandise pour laquelle la preuve n'est pas faite doit être considérée comme ennemie; la résidence de la maison de commerce, la consonnance des noms pouvant bien être une présomption, mais non une preuve de nationalité. — En appliquant ces règles au chargement du *Nicolaüs* nous remarquons que le manifeste étant daté du 4 juillet et le départ du navire ayant eu lieu le 5 du même mois, le chargement a été fait avant la déclaration de guerre ; les propriétaires reconnus des marchandises peuvent donc être autorisés à faire preuve de leur nationalité en dehors des documents trouvés à bord et il n'y a lieu de s'occuper que des droits de ceux qui ont fait des réclamations, si le Conseil juge que le délai pour la production des pièces a été suffisant. Or, le *Nicolaüs* a été capturé le 15 août ; des réclamations ont été faites par des négociants de Santa-Martha à la date des 2 et 3 octobre ; par des maisons de Curaçao à la date du 15 novembre et par les chargeurs de Hambourg à celle du 14 du même mois. Il est donc vrai de dire que la nouvelle de la prise du *Nicolaüs* est arrivée en temps opportun dans les ports où des intérêts étaient engagés sur ce navire, et que ceux des destinataires qui n'ont pas fait de réclamation ont implicitement reconnu la justice de la prise des marchandises qu'ils ne veulent pas revendiquer. Nous n'avons donc qu'à examiner le bien-fondé des réclamations introduites. »

En comparant ces conclusions aux décisions qu'on va lire, on remarquera que le Conseil n'a pas été aussi absolu que M. le commissaire du gouvernement. Ce n'est pas seulement à ceux qui ont chargé avant la guerre, mais à tous les réclamants que le Conseil accorde le droit de justifier par pièces produites après la capture de leur qualité de sujets neutres. Et quand on considère que de pareilles pièces ne peuvent presque jamais se trouver à bord, parce qu'elles concernent le destinataire et non l'expéditeur, et que, d'autre part, émanant de l'autorité publique du pays auquel appartient le réclamant elles ne peuvent être suspectées, on ne peut hésiter à reconnaître que la doctrine contenue dans la décision du Conseil constitue non une faveur, mais l'application la plus stricte des règles de l'équité.

« Le Conseil (*) . . . . après en avoir délibéré ;

» En ce qui touche le bâtiment . . . .

» En ce qui touche la cargaison ; considérant que le bâtiment capturé se rendait de Hambourg à la Côte-Ferme avec un chargement composé de marchandises diverses qu'il devait remettre dans ses relâches successives à Curaçao, Santa-Martha et Savanilla, ainsi qu'il résulte de deux manifestes trouvés à bord qui résument les trente-neuf connaissements dont le navire était porteur ; considérant que pour statuer sur le sort de cette cargaison, il convient de distinguer entre les marchandises qui ont été réclamées par les destinataires et celles qui ne l'ont pas été ; — en ce qui touche les marchandises désignées par le connaissement et portées au manifeste sous le n° 3 comme adressées à Santa-Martha, à M. ;

» Considérant qu'elles sont réclamées par M..., négociant à Fort-de-France, comme fondé de pouvoir ; que la propriété du destinataire est régulièrement établie par le manifeste trouvé à bord et signé du chargeur et que sa qualité de citoyen colombien résulte d'un certificat du consul de France à Santa-Martha ; qu'ainsi la neutralité de la propriété est démontrée ;

» En ce qui touche les marchandises suivantes ;

. . . .

» Considérant que, bien que tous les connaissements relatifs à ces marchandises ne soient signés que du capitaine, le droit de propriété des réclamants est établi tant par le manifeste que par les factures qui sont signées par les chargeurs ; que la

(*) Cette décision a été l'objet d'un pourvoi sur lequel le Conseil d'État n'a pas encore statué,

nationalité néerlandaise de chacun des réclamants est établie par attestation du gouvernement de l'île de Curaçao; qu'ainsi la neutralité de la marchandise est démontrée.

» En ce qui touche le surplus de la cargaison ;

» Considérant qu'à la date du 14 novembre dernier, les chargeurs allemands du *Nicolaüs* ont adressé au Conseil une déclaration que le chargement de ce navire a été fait par eux sur commande de leurs amis d'outre-mer et pour le compte de ces derniers ; que cette déclaration ne saurait avoir plus d'effet que, le manifeste trouvé à bord et signé par les chargeurs ; que, dans cette lettre, les chargeurs n'énoncent ni ne justifient qu'ils adressent cette réclamation comme fondés de pouvoir des destinataires, et qu'au contraire le Conseil n'a été saisi d'aucune réclamation de la part de ces derniers ; que cependant le *Nicolaüs* a été capturé le 15 août; que des réclamations ont été adressées de Santa-Martha le 28 octobre et de Curaçao le 15 novembre ; qu'ainsi la capture du navire était connue dès cette époque dans les parages où il devait relâcher; et qu'on ne saurait dès lors s'expliquer le silence gardé par les destinataires, s'ils sont, en effet, propriétaires des marchandises à eux adressées et en état de justifier de leur neutralité ;

» Considérant d'ailleurs que la marchandise, voyageant sous pavillon ennemi, est présumée ennemie ; que sa neutralité doit être établie ; et qu'en fait aucune pièce n'a été produite au Conseil pour justifier la nationalité neutre des destinataires ; qu'ainsi la neutralité de cette partie de la cargaison n'est pas établie ; par ces motifs, etc., etc. »

L'Eclips.

(même doctrine.) (*)

2 février 1871.

« Le Conseil, ouï, ... après en avoir délibéré; considérant que le brick-goëlette

(*) Le Conseil d'État n'a pas encore statué sur le pourvoi formé contre cette décision.

Eclips a été capturé le 16 septembre dernier par la *Circé*, canonnière de la division navale du Brésil ; qu'il résulte des papiers de bord et de l'instruction que ledit navire a été construit à Carlshohe, près de Cappeln ; qu'il est inscrit au port de Blankness ; qu'il est la propriété de huit sujets de la Confédération de l'Allemagne du Nord ; qu'ainsi sa neutralité ennemie est établie ; en ce qui touche les réclamations faites par MM...
. . . . des marchandises chargées à Hambourg par les sieurs . . . . ; considérant que la propriété de ces marchandises résulte du manifeste régulier trouvé à bord et que la nationalité neutre des réclamants est établie par les pièces authentiques produites à bord ; en ce qui concerne la réclamation faite par les sieurs Jean Liebieg et Cⁱᵉ, de Reschemberg, des marchandises comprises au connaissement n° 13 ; considérant que l'affirmation de l'ambassadeur d'Autriche établit pleinement aux yeux du Conseil la nationalité neutre des sieurs Jean Liebieg et Cⁱᵉ ; mais que les pièces par eux produites ne prouvent point que les marchandises qu'ils revendiquent soient leur propriété ; que le connaissement et le manifeste trouvés à bord indiquent que ces marchandises sont expédiées par le sieur Mayer, de Hambourg, au sieur Malmann, à Buenos-Ayres ; que les réclamants ne cherchent pas à démontrer la nationalité neutre de ces deux personnes, et qu'ainsi leur qualité de sujets de la Confédération de l'Allemagne du Nord ne peut être douteuse ; que pour établir leur droit à revendiquer ces marchandises, les sieurs Liebieg et Cⁱᵉ produisent : 1° un double du connaissement ; 2° une facture émanée d'eux ; que le connaissement est conforme au connaissement trouvé à bord et ne porte pas le nom du sieur Liebieg ; que la facture est une pièce créée par eux-mêmes et qui dès lors ne peut leur servir de titre, puisqu'elle a pu être faite depuis la capture ; considérant en droit qu'aux termes des articles 2 et 11 du règlement de 1778, la neutralité doit être établie par les pièces trouvées à bord ; qu'à la vérité, cette règle n'a point un

caractère absolu; que des justifications complémentaires peuvent être fournies après la capture; mais que les pièces trouvées à bord doivent constituer au moins un commencement de preuve; qu'il importe d'autant plus de maintenir la stricte observation de cette règle que les droits des neutres ont été considérablement accrus par la déclaration du Congrès de Paris de 1856, et que rien ne serait plus aisé que de paralyser d'une façon absolue l'exercice du droit des nations maritimes belligérantes, s'il était possible d'établir la neutralité des marchandises embarquées par des pièces différentes ou même contraires aux pièces mêmes trouvées à bord; que dans l'espèce les affirmations des réclamants sont opposées aux indications fournies par les pièces embarquées avec les marchandises; qu'ainsi leur demande ne saurait être accueillie; en ce qui touche le surplus de la cargaison, considérant qu'il n'a été l'objet d'aucune réclamation; que cependant l'*Eclips* a été pris le 16 septembre, amené d'abord à Montévidéo où son équipage de retour a été formé, et qu'ainsi sa capture a été certainement connue à Buenos-Ayres, port de destination de la marchandise; que jusqu'à preuve contraire la marchandise chargée sur navire ennemi est présumée ennemie; par ces motifs, dit que les effets et objets à usage personnel du capitaine et de l'équipage leur seront immédiatement rendus s'ils ne l'ont déjà été; déclare de bonne prise le navire *Eclips*, ensemble ses agrès, apparaux et accessoires; ordonne la restitution des marchandises comprises sous les numéros 2 et 5 du manifeste; laquelle sera faite à qui de droit, à charge d'acquitter le fret à raison de l'avancement du voyage et les frais faits pour la conservation de la marchandise sur liquidation faite par l'administration de la marine; rejette la demande des sieurs Liebieg et Cⁱᵉ; déclare de bonne prise le surplus du chargement; ordonne que le navire et la partie de la cargaison déclarée de bonne prise seront rendus à la diligence de l'administration de la marine et que les sommes nettes à provenir de ladite vente seront versées à la caisse des invalides de la marine pour être ensuite réparties conformément à la loi. »

Le Thalia. (*)

(même doctrine.)

23 février 1871.

« Le Conseil, ouï. . . . . après en avoir délibéré ; considérant qu'il résulte tant des papiers de bord que de l'instruction que la goëlette *Thalia*, capturée le 21 septembre par le *Circé*, a été construite en 1867 à Arnis ; qu'elle est immatriculée au port de Blankness, et qu'elle appartient à six co-propriétaires, tous sujets de la Confédération de l'Allemagne du Nord ; qu'ainsi sa nationalité ennemie est démontrée ; en ce qui touche les marchandises comprises aux numéros 28, 29 et 30 du manifeste avec connaissements portant les mêmes numéros, lesdites marchandises réclamées par M. le consul suisse de Bordeaux, au nom des sieurs . . . . de Montévideo ; considérant que des pièces régulières trouvées à bord établissent la propriété de ces marchandises, mais que les réclamants ne font pas quant à présent la preuve de leur nationalité ; en ce qui touche les marchandises comprises au connaissement n° 6, même numéro du manifeste, et réclamées par M. le consul de la République Argentine, à Nantes, au nom des sieurs . . . . . de Buenos-Ayres ;

« Considérant que la propriété de ces marchandises est établie par les pièces trouvées à bord, mais que les réclamants ne font pas, quant à présent, la preuve de leur nationalité ; en ce qui touche les marchandises portées au connaissement n° 7, même numéro du manifeste, et réclamées par Mlle Caroline Weillon ; considérant que ce sont des effets et objets à usage personnel dont la restitution aurait été

(*) Le Conseil d'État n'a pas encore statué sur le pourvoi formé contre cette décision.

ordonnée, quand même la demoiselle Weillon aurait été allemande ; en ce qui touche le surplus de la cargaison, considérant qu'elle n'est l'objet d'aucune réclamation ; que cependant
le navire a été capturé le 21 septembre, conduit à Montévideo,
où son équipage de retour a été formé ; qu'ainsi sa capture a
été certainement connue des destinataires ; que la marchandise chargée à bord d'un navire ennemi est présumée ennemie ;

» Par ces motifs, dit que les effets et objets personnels appartenant à l'équipage et au capitaine leur seront immédiatement
rendus, s'ils ne l'ont déjà été ; ordonne la restitution à la demoiselle Weillon des marchandises par elle réclamées, sans
fret ni retenue de frais ; surseoit à statuer sur la réclamation
faite au nom des sieurs Masset et Belgrano pendant trois mois
après lesquels il sera fait droit ; déclare de bonne prise le navire
Thalia, ses agrès, apparaux et accessoires ; ainsi que le surplus de la cargaison ; dit que le tout sera vendu à la diligence
de l'administration de la marine et que les sommes nettes à
provenir de ladite vente seront versées à la caisse des invalides
de la marine pour être ensuite réparties conformément à la
loi. »

Le Laura-Louise. (*)

Audience du 7 janvier 1871.

Le trois-mâts hambourgeois Laura-Louise,
capturé par l'aviso à vapeur de la marine mi-
litaire française le Dayot, *déclaré de bonne*
prise comme propriété ennemie; effets per-
sonnels, instruments et cartes restitués au ca-
pitaine; chargement fait en pays neutre à
destination de port ennemi; irrégularités des

(*) Il y a pourvoi contre cette décision.

> *pièces de bord ; connaissements à ordre reven-*
> *diqués par des neutres ; inductions fournies*
> *par les correspondances saisies au moment de*
> *la capture.*
>
> *D'après la déclaration du congrès de Paris,*
> *du 16 avril 1856, la cargaison neutre ou*
> *amie saisie sous pavillon ennemi ne peut être*
> *réclamée que par les propriétaires réels, et à*
> *charge par ceux-ci de prouver leur nationalité.*
> *Les connaissements endossés à des tiers doivent*
> *avoir une date certaine, antérieure à la décla-*
> *ration de guerre.*

Le Conseil des prises a rendu la décision suivante :

« Entre :

» 1° Le sieur Gosau, capitaine du navire hambourgeois *Laura-Louise* ;

» 2° Les chargeurs et consignataires de la cargaison dudit navire ;

3° Les sieurs Dufour et Cie, du Hâvre, réclamateurs d'un lot de 84 balles coton inscrites sur le connaissement n° 5, comme chargées *à ordre* par la maison Noblot et Cie, de Puerto-Cabello, d'une part ;

Et les commandant, état-major et équipage de l'aviso à vapeur de la marine française le *Dayot*, commandé par M. Foucault, capitaine de frégate, d'autre part ;

Le Conseil,

Après en avoir délibéré,

En ce qui concerne le navire :

Considérant que, tant de l'acte de nationalité, du rôle d'équipage, du certificat de jauge et du journal de mer trouvés à bord que de l'interrogatoire subi à Brest par le capitaine Gosau et son équipage, résulte la preuve manifeste :

1° Que le navire *Laura-Louise* est immatriculé à Hambourg, port ennemi, sous le numéro 92 ;

2° Qu'au moment de sa capture, il naviguait sous pavillon de la Confédération de l'Allemagne du Nord et se rendait de Puerto-Cabello (Venezuela) à son port d'attache ;

3° Qu'il appartient à MM. Dœhren, citoyens ennemis établis à Hambourg, et était monté par un équipage également ennemi ;

Qu'ainsi le *Laura-Louise* est une propriété de tout point et véritablement ennemie, qui doit, comme telle, être déclarée de bonne prise, sa capture ayant été faite régulièrement en mer libre ;

En ce qui concerne la cargaison :

Considérant que le chargement se compose de coton, café, cuirs et autres marchandises licites embarquées par divers négociants établis au Venezuala, pays neutre, à destination de Hambourg, port ennemi ;

Considérant que parmi les treize connaissements saisis à bord du *Laura-Louise*, il s'en trouve quatre, portant les n°s 1, 2, 3 et 5, qui sont libellés à ordre ;

Considérant que si les énonciations que renferment ces treize connaissements sont d'accord avec celles qui sont contenues dans le manifeste du *Laura-Louise*, il a été trouvé à bord de ce navire trois sacs de café, deux boîtes de chocolat et trois colis divers marqués L. F. B., qui ne sont accompagnés d'aucun connaissement et ne figurent pas non plus sur le susdit manifeste ;

Considérant, en fait, qu'à l'exception de celui portant le n° 5, tous les connaissements du *Laura-Louise* ne sont revêtus que de la seule signature du capitaine Gosau, circonstance qui, aux termes de l'article 11 du règlement de 1778, autoriserait à les considérer comme nuls et non avenus;

Considérant toutefois qu'il est équitable de tenir compte du fait que le *Laura-Louise* a quitté Puerto-Cabello treize jours avant toute déclaration ou présomption de guerre entre la France et la Confédération de l'Allemagne du Nord, et d'apprécier dès lors la régularité des pièces de bord de ce navire d'après les conditions réglementaires ou les usages commerciaux imposés aux bâtiments marchands du pays sous les couleurs duquel il naviguait ;

Considérant, au surplus, que les correspondances commerciales cachetées qui ont été saisies à bord de la prise et reconnues émaner des chargeurs, suppléent par leur contenu aux énonciations incomplètes, soit des connaissements, soit du manifeste, en révélant les noms ou la nationalité des propriétaires de la cargaison ;

Considérant que les éléments d'information recueillis par le conseil confirment, dans leur partie essentielle, les présomptions légales déduites des pièces trouvées à bord au moment de la capture du *Laura-Louise* ;

Considérant que, d'après la lettre et l'esprit de la déclaration du 16 avril 1856, les ayant droit aux marchandises capturées sous pavillon ennemi ne sont fondés à en revendiquer la resti‐tution qu'à la condition de prouver simultanément leur droit de propriété et leur qualité de sujets neutres.

Considérant, enfin, qu'en matière de prises cette double justi‐fication ne saurait être déduite *de plano*, ni de la seule qualité de chargeur ou de consignataire, ni du simple fait de la rési‐dence en pays neutre des réclamateurs de la marchandise saisie, puisqu'il n'en résulte pas nécessairement acquisition de natio‐nalité, et que les établissements de commerce formés au dehors ne peuvent jamais être considérés comme ayant été faits sans esprit de retour.

Attendu que, tant des connaissements que du manifeste et des pièces trouvées à bord résulte la preuve que les marchan‐dises auxquelles se rapportent les connaissements cotés 1, 2, 3 et 8 sont la propriété des chargeurs Boultan et Cie et Blœhm, Hagan et Cie, citoyens neutres ;

Attendu, par contre, que les mêmes pièces fournissent la preuve que les marchandises mentionnées sur les pièces cotées 4, 6, 7, 9, 10, 11, 12 et 13, comme ayant été embarquées par J. Meyer, Ed. Basch, Seidel et Cie, Kerdel et Cie, Ruets, Rœmer et Cie, Lange et Cie, et consignées à Munchmeyer et Cie, Lind et Cie, L.-F. Pehmœller, Joh. Lange, Dubbers, J. Becher, Berenberg, Grossler et Cie, sont la propriété de sujets ennemis ;

Attendu que les correspondances saisies à bord de la prise établissent avec la dernière évidence que les trois sacs de café, ainsi que les deux boîtes de chocolat, embarqués par Luders et Cie, et les trois colis divers marqués L. F. B., chargés par Blœhm, Hagan et Cie, à l'ordre de Craseman, Stavenhaguen et Cie, constituent intégralement une propriété ennemie ;

Attendu que Dufour et Cie, du Hâvre, dans le mémoire produit en leur nom par Me Bosviel, ne justifient pas, par pièces probantes, des droits qu'ils auraient à faire valoir, soit comme propriétaires, soit comme commissionnaires, sur les 84 balles de coton portées au connaissement coté n° 5, et chargées à ordre par Noblot et Cie, de Puerto-Cabello, ce qui, en l'état, ne permet pas de statuer sur leur demande en revendication ;

En ce qui concerne les effets personnels, hardes, instruments nautiques et cartes reconnus appartenir en propre au capitaine Gosau :

Considérant qu'il est conforme aux usages et à l'équité d'en ordonner la remise,

Décide :

1° La prise du navire hambourgeois *Laura-Louise* est déclarée bonne et valable, pour la valeur nette en être adjugée aux commandant, état-major et équipage de l'aviso à vapeur de la marine militaire française *le Dayot*, qui en a fait la capture, le tout dans les formes prescrites par les édits, arrêtés et ordonnances ou décrets sur la matière, et sous réserve des droits dévolus à la caisse des invalides de la marine ;

2° Sont également déclarés de bonne prise, pour le produit de leur vente être adjugé, sous les mêmes conditions et réserves, aux commandant, état-major et équipage du susdit *Dayot* :

(a) Les marchandises saisies à bord du *Laura-Louise* et spécifiées sur les connaissements cotés 4, 6, 7, 9, 10, 11, 12 et 13 ;

(b) Les trois sacs de café et les deux boîtes de chocolat chargés par Luders à l'ordre de Luders, ainsi que trois colis divers embarqués par Blœhm, Hagan et Cⁱᵉ, à l'ordre de Craseman, Stavenhagen et Cⁱᵉ, le tout comme constituant une propriété ennemie.

3° Est déclarée nulle et non avenue la prise des marchandises spécifiées sur les connaissements cotés 1, 2, 3 et 8, et reconnus être la propriété de MM. Blœhm, Hagan et Cⁱᵉ, et de F. Boultan et Cⁱᵉ, citoyens neutres ;

Seront, en conséquence, lesdites marchandises rendues aux consignataires ou à leurs fondés de pouvoir, dans l'état où elles se trouveront au jour de leur dévolution :

(a) Sous déduction, au profit des capteurs, à qui il est adjugé, du fret acquis au *Laura-Louise* jusqu'à Brest ;

(b) Sauf remboursement des frais de procédure, garde et magasinage avancés par la caisse des invalides de la marine ;

4° Il est sursis à statuer sur la demande en revendication des 84 balles spécifiées au connaissement coté n° 5, jusqu'à due justification par les intéressés de leur nationalité, et d'un droit de propriété acquis antérieurement à la déclaration de guerre ;

5° Les hardes, effets personnels, instruments nautiques, cartes marines et livres reconnus appartenir en propre au capitaine Gosau ou à son équipage, seront restitués aux ayants droit, si fait n'a été déjà, libres de tous frais.

Fait à Paris, le 7 janvier 1871.

Ces principes généraux posés, il serait superflu de s'appesantir sur chacune des pièces qui peuvent se trouver à bord du bâtiment capturé. La volonté de la loi est très-claire ; elle n'attache la preuve ni au connaissement, ni au manifeste, ni à la charte-partie, mais à toute pièce trouvée à bord au moment de la capture ; et c'est en s'inspirant de la pensée du législateur que le Conseil des prises a dans plusieurs affaires rempli les lacunes des connaissements avec les mentions trouvées dans de simples lettres missives.

Par la même raison, le Conseil est juge souverain de la régularité des pièces qui lui sont produites. On trouve sur ce point dans la jurisprudence antérieure de singulières décisions. Le répertoire de Dalloz rapporte une décision de l'an VIII dans une affaire de l'*Orange* et l'*Actéon*, ainsi conçue :

LE TRIBUNAL,

Considérant que le règlement de 1778 ne permet d'avoir égard qu'aux pièces trouvées à bord et que l'art. 1, tit. 2, liv. 3 de l'ordonnance de 1681 veut qu'à peine de nullité les connaissements soient signés par les maîtres des vaisseaux ; que dans la circonstance les connaissements relatifs au cacao ne sont pas signés du capitaine Orange, et qu'en vain il offre d'en rapporter les originaux plus en règle, puisqu'ils n'ont pas été trouvés à bord, lors de la capture du vaisseau.

Rejette.

Et MM. Pistoye et Duverdy, rapportent un arrêt de cassation rendu par le tribunal de cassation le 29 fri-

maire an VII qui vise l'ordonnance de la marine
de 1681 et contient le considérant suivant :

« Considérant que les connaissements doivent être faits tri-
» ples, dont deux suivant l'esprit de la loi, doivent être signés
» du maître du navire ou de l'écrivain pour servir contre le maî-
» tre, l'un de titre au chargeur et l'autre à celui pour le compte
» de qui les marchandises sont expédiées ; le troisième enfin
» doit être signé du chargeur pour servir de titre et de cer-
» tificat au maître ; que dans l'espèce, celui dont il s'agit, n'est
» point signé du chargeur et ne peut être digne de foi en
» faveur du maître ; que néanmoins les juges du tribunal civil
» du département du Pas-de-Calais ont admis ce connaisse-
» ment comme revêtu de la forme légale, en quoi ils ont
» faussement interprété les art. 1 et 3, tit. 11, ordonnance
» de 1681 »

(Pistoye et Duverdy, traité des prises maritimes, tome I, page 454).

De pareilles décisions contiennent une erreur de
droit évidente. Quand il s'agit de juger de la régularité des pièces trouvées à bord, ce n'est pas la loi
française qu'il faut consulter, mais la loi du pays où
l'acte a été passé. Il ne faut pas même s'attacher avec
rigueur à l'observation ou à l'oubli de certaines formes
accidentelles ; il faut distinguer dans les actes les
mentions essentielles qu'ils doivent contenir pour
avoir quelque valeur, non pas au point de vue de telle
ou telle législation particulière, mais au point de
vue du droit des gens, et dans le jugement des
prises maritimes, matière éminemment internationale, on ne doit exiger que celle-là.

Portalis dit excellemment, dans des conclusions rapportées par Lebeau :

« Il n'est sans doute pas nécessaire que les formes acciden-
» telles d'un acte soient les mêmes partout ; il est au contraire
» certain que partout elles peuvent être différentes. De là c'est
» un principe que la forme de tous les actes quelconques
» dépend des coutumes reçues dans les lieux où ces actes sont
» faits : *locus regit actum*. Il y a des maximes générales, parce
» qu'il y a une raison commune ; mais les formes varient selon
» les lieux et les temps, parce qu'elles n'appartiennent pas à
» la raison universelle et qu'elles ne tiennent qu'aux pratiques
» ou aux mœurs particulières de chaque peuple. »

En parcourant les décisions rendues par le Conseil des prises en 1871, on voit qu'il s'est entièrement inspiré de cette pensée ; les conséquences en apparaîtront clairement dans les décisions suivantes :

Le Heinrich.

Le connaissement qui n'est signé que du capitaine est nul et ne peut servir à établir la propriété.

15 décembre 1870.

« Le Conseil ouï......
» Après en avoir délibéré ;
» Considérant que le 15 octobre 1870, l'aviso le *Kléber* a capturé la goëlette *Heinrich*, du port de Meldorf ; qu'il ne se trouvait à bord ni passeport, ni acte de nationalité, en ce qui

touche la cargaison ; considérant que la charte-partie ne fait connaître ni le nom des affréteurs, ni celui du destinataire ; que le connaissement n'est signé que par le capitaine et n'indique pas davantage le nom du destinataire ; qu'ainsi, la cargaison doit être considérée comme ennemie ; qu'une partie du chargement du *Heinrich*, soixante tonneaux de charbon, a été par ordre du vice-amiral commandant en chef remis aux frégates blindées la *Provence* et la *Valeureuse*, en vertu tant du droit du capteur de prendre sur la prise les objets utiles à sa navigation que du droit de péremption attribué à l'État pour tous les objets qu'il juge convenable de s'approprier pour les besoins de la guerre ; ordonne que les effets et objets personnels appartenant au capitaine et à l'équipage leur seront restitués immédiatement, s'ils ne l'ont déjà été ; déclare de bonne prise le navire avec ses agrès, apparaux et accessoires, ainsi que la cargaison ; dit que le navire et la partie de son chargement laissés à bord comme lest seront vendus à la diligence de l'administration de la marine ; dit que le département de la marine versera à la Caisse des Invalides la valeur des soixante tonneaux de charbon employés par l'escadre, cette valeur réglée d'après le prix des fournitures faites à la marine dans la mer du Nord ; dit que les sommes nettes provenant soit de la vente du navire et du reste de son chargement, soit du remboursement à faire par le département de la marine seront versées à la Caisse des Invalides de la marine pour être ensuite réparties conformément à la loi. »

Le Johanna.

Le connaissement trouvé à bord et qui n'est signé que du capitaine, ne peut faire preuve de la propriété.

Cependant il peut être considéré comme un commencement de preuve, lorsque le destinataire produit l'autre double du connaissement, que ce double est régulier et qu'il est certain qu'il n'a pu être envoyé par le capitaine depuis la capture.

2 février 1871

« Le Conseil, ouï. . . . . après en avoir délibéré ; considérant que le trois-mâts *Johanna,* capturé le neuf novembre 1870 par l'aviso à vapeur *le d'Estrées,* naviguait sous pavillon de la Confédération de l'Allemagne du Nord ; qu'il résulte des pièces de bord et de l'interrogatoire du capitaine que le navire est inscrit au port de Dantzig ; qu'il appartient au capitaine et à divers autres, tous sujets nord-allemands ; qu'ainsi sa nationalité ennemie est démontrée ; en qui touche la cargaison, considérant qu'elle a été régulièrement réclamée par les sieurs Vade, Son et Cie, demeurant à Hull (Angleterre) ; qu'il n'a été trouvé à bord que deux connaissements ; que ces connaissements indiquent exactement le port de destination et les destinataires ; mais que, n'étant signés que du capitaine, ils sont irréguliers et ne sauraient constituer la preuve de la propriété ; considérant, toutefois, qu'ils peuvent constituer un commencement de preuve, et que les réclamants ont joint à leur demande une copie authentique du double du connaissement à eux remis avant le départ du navire ; que cette pièce est régulière et fournit la preuve de la propriété ; mais considérant que les sieurs Vade, Son et Cie ne font pas, quant à présent, la preuve de leur qualité de citoyens anglais ; — considérant qu'en l'état, il n'y a lieu de statuer ni sur leur demande principale, ni sur leur demande accessoire de dommages-intérêts. Par ces motifs :

dit que les effets et objets personnels à l'usage du capitaine et de l'équipage leur seront immédiatement restitués, s'ils ne l'ont déjà été : déclare de bonne prise le navire *Johanna*, ensemble ses agrès, apparaux et accessoires ; ordonne qu'il sera vendu à la diligence de l'administration de la marine, et que les sommes nettes à provenir de ladite vente seront versées à la Caisse des invalides de la marine pour être réparties conformément à la loi ; sursoit à statuer sur la demande des sieurs Vade, Son et Cie pendant un mois après lequel il sera fait droit. »

Le Pfeil.

Vapeur hambourgeois Pfeil, capitaine Heller, capturé par la corvette Château-Renaud, déclaré de bonne prise, ainsi que sa cargaison comme propriété ennemie ; restitution des effets personnels appartenant en propre au capitaine.

Le Conseil des prises a rendu la décision suivante :

Entre :

Le sieur C.-C. Heller, capitaine du bateau à vapeur *Pfeil*, de Hambourg ;

Et 1° les commandant, état-major et équipage de la corvette française *Château-Renaud*.

2° Les commandant en chef, état-major et équipages de l'escadre française d'évolutions mouillée devant l'île d'Héligoland (mer du Nord) ;

Le Conseil,

Après en avoir délibéré,

» En ce qui concerne le navire :

» Considérant que, tant de l'acte de nationalité, du rôle de l'équipage et du certificat de jauge trouvés à bord, que de l'interrogatoire subi à Dunkerque par le capitaine Heller et son équipage résulte la preuve manifeste que le bateau à vapeur *Pfeil* est immatriculé sur les registres de la marine de la Confédération de l'Allemagne du Nord sous le n° 402, et appartient à M. Otto-Louis Eichman, citoyen hambourgeois ;

» Considérant que ce bâtiment, au moment de sa capture, naviguait sous pavillon ennemi et était monté par un équipage également ennemi ;

» Qu'ainsi ledit navire est une propriété véritablement ennemie, et doit, comme tel, être déclaré de bonne prise ;

» En ce qui concerne la cargaison :

» Considérant que, d'après la date du connaissement et d'après les propres aveux du capitaine Heller, les charbons trouvés à bord du *Pfeil* ont été embarqués sur ce navire à destination d'un port ennemi, alors que l'état de guerre entre la France et l'Allemagne était connu à West Hartlepool, port de chargement ;

» Considérant que le connaissement afférent à cette cargaison est libellé à ordre, à destination d'un port ennemi, et ne porte que la seule signature du capitaine Heller ;

» Considérant que la mention : « *propriété de sujets britanniques* », inscrite en marge du connaissement, n'étant ni datée ni signée, ne saurait avoir de valeur légale ;

» Considérant qu'aux termes des articles 2 et 11 du règlement du 26 juillet 1778 et de la jurisprudence consacrée en matière de prise, les connaissements libellés *à ordre* et signés du capitaine seul sont des pièces sans valeur qui ne peuvent faire foi :

» Considérant qu'il n'a été trouvé à bord ni charte-partie, ni manifeste, ni aucune pièce établissant le nom dès véritables propriétaires et leur nationalité ;

» Considérant qu'aux termes de la loi, aucune pièce nouvelle ne peut, après la capture effectuée, être produite par les ayants droit pour suppléer aux énonciations des papiers trouvés à bord au moment de la prise ;

» Vu, enfin, le procès-verbal dressé, le 13 août 1870, à bord de la prise et constatant que par ordre de M. le vice-amiral Fourichon, commandant en chef de l'escadre d'évolutions, une quantité de 864 tonneaux de houille environ a été débarquée de la prise *le Pfeil* et préemptée pour les besoins de la flotte,

DÉCIDE :

» 1° La prise du navire hambourgeois *le Pfeil* et de sa cargaison est déclarée bonne et valable pour la valeur nette en être adjugée aux commandants, états-majors et équipages tant de la corvette *Château-Renaud*, que de l'escadre française d'évolutions commandée par le vice-amiral Fourichon au mouillage d'Héligoland, telle que l'état en existe au procès-verbal de capture, le tout dans les proportions et suivant les formes prescrites par les décret et ordonnances réglant la matière et sous réserve du tiers dévolu à la caisse des invalides de la marine ;

» 2° Il sera fait état et estimation par les soins du ministère de la marine, dans la forme consacrée par les règlements sur la matière, des charbons préemptés pour les besoins de la flotte à bord de la prise *le Pfeil*, pour le prix en être payé par le Trésor et adjugé aux capteurs dans les conditions et sous les réserves spécifiées pour la valeur du navire ;

» 3° Les effets formant à bord du *Pfeil* la propriété personnelle du capitaine Heller et de son équipage seront restitués aux ayant droit.

» Fait à Paris, le 22 octobre 1870. »

L'Henriette.

Le manifeste peut être considéré comme un connaissement général et s'il est régulier, il supplée à l'irrégularité des connaissements particuliers.

23 février 1871.

Conclusions du commissaire du gouvernement.

» Le soussigné, commissaire du gouvernement près le Conseil provisoire des prises, a l'honneur d'exposer au Conseil qu'il résulte tant des papiers de bord que de l'instruction faite au port de Dunkerque, que le schooner *Henriette*, capturé le 7 novembre par l'aviso *le Forfait* détaché de l'escadre du nord, a été construit à Saint-Malo ; que par suite de vente à des propriétaires nord-allemands il a été inscrit au port de Greetsiel, qu'il appartient à M. David Ippen de ce port; les pièces trouvées à bord et relatives à la cargaison se composent : 1° d'une charte-partie ; 2° de cinq connaissements ; 3° d'un manifeste ; ces diverses pièces, bien qu'indiquant des chargeurs divers, portent toutes l'attache de la maison Klingenberg et Cⁱᵒ qui semble d'après cela avoir été le consignataire et le véritable affréteur du navire ; la charte-partie et le manifeste sont signés, les connaissements réunis par une carte au nom de la maison Klingenberg ;

» Le manifeste peut être considéré comme un connaissement général, et il est admis que la signature du capitaine n'est pas indispensable pour les pièces qui restent entre ses mains et sur lesquelles il est par conséquent libre de l'apposer à chaque instant; de plus les noms des destinataires sont indiqués sur le manifeste ; en rejettant même comme non valables les connaissements signés du capitaine seul, les pièces relatives au chargement sont régulières et établissent les droits de propriété des destinataires. La marchandise peut donc leur être restituée, s'ils établissent leur qualité de neutres. »

Le Conseil rend une décision conforme.

ANNEXES.

ANNEXE N° 1.

—

INSTRUCTIONS

ADRESSÉES

PAR S. EXC. L'AMIRAL MINISTRE SECRÉTAIRE D'ÉTAT

AU DÉPARTEMENT DE LA MARINE ET DES COLONIES

A MM. les Officiers généraux, supérieurs et autres

COMMANDANT

Les escadres et les bâtiments de Sa Majesté impériale.

———

Paris, le 25 juillet 1870.

MESSIEURS,

Vous trouverez ci-après reproduite la déclaration faite, le 20 de ce mois, au Sénat et au Corps législatif, et constatant la nécessité où s'est vue Sa Majesté de prendre les armes contre la Prusse, pour défendre l'honneur et les intérêts de la France et protéger l'équilibre général de l'Europe.

Cette déclaration nous met en état d'hostilités, non-seulement avec la Prusse (1), mais encore avec les pays alliés qui lui prêtent contre nous le concours de leurs armes. Ceux de ces États qui sont situés sur le littoral de la mer du Nord et de la Baltique, et que je dois en conséquence vous signaler plus particulièrement, sont : le grand-duché d'Oldenbourg, Brême, Hambourg, Lubeck et les grands-duchés de Mecklembourg.

———

(1) Depuis les événements de 1866, le royaume de Prusse comprend les duchés de Lauenbourg, de Holstein, de Schleswig, et l'ancien royaume de Hanovre.

Vous êtes donc, dès aujourd'hui, investis des droits de belligérants à l'égard de la Prusse et de ces divers États, et j'ai l'honneur de vous notifier les intentions de l'Empereur, relativement aux devoirs nouveaux qui résultent pour vous de cette situation, indépendamment de la part que vous aurez à prendre aux opérations militaires proprement dites, suivant les instructions spéciales que je vous adresserai, ou qui vous parviendront, à ce sujet, par la voie hiérarchique.

Voici la ligne de conduite que vous devez tenir, en exécution des ordres de Sa Majesté :

1

Bâtiments ennemis.

Dès ce moment, vous êtes requis de courir sus à tous les bâtiments de guerre de la Prusse et des États de la Confédération de l'Allemagne du Nord, et de vous en emparer par la force des armes ; vous aurez également à courir sus à tous les bâtiments de commerce ennemis que vous rencontrerez en mer ou dans les ports et rades de l'ennemi, et à les capturer ainsi que leurs cargaisons, sous les exceptions suivantes :

Un délai de trente jours a été accordé aux bâtiments de commerce ennemis pour sortir des ports français, soit qu'ils s'y trouvent en ce moment ou qu'ils y entrent ultérieurement, dans l'ignorance de l'état de guerre ; et ces bâtiments seront pourvus de saufs-conduits, ainsi que l'explique l'annexe nᵉ 3.

En outre, les bâtiments de commerce ennemis qui auront pris des cargaisons à destination de France et pour compte français antérieurement à la déclaration de guerre, ne seront pas sujets à capture, pourront librement débarquer leurs chargements dans les ports français et recevront des saufs-conduits pour retourner dans leurs ports d'attache.

2.

Pêcheries.

Vous n'apporterez aucun obstacle à la pêche côtière, même sur les côtes de l'ennemi ; mais vous veillerez à ce que cette faveur, dictée par un intérêt d'humanité, n'entraîne aucun abus préjudiciable aux opérations militaires ou maritimes.

3.

Saufs-conduits.

Vous n'arrêterez pas non plus les bâtiments ennemis pourvus d'un sauf-conduit du Gouvernement impérial.

Vous trouverez ci-joint un modèle de la forme adoptée pour ces saufs-conduits.

Vous vous assurerez que les actes qui vous seront présentés sont sincères et que les conditions en ont été rigoureusement observées ; en cas de soupçon sur leur sincérité ou d'inexécution de leurs conditions, vous êtes autorisés à saisir le bâtiment qui en serait porteur.

4.

Eaux territoriales. Neutres.

Vous vous abstiendrez d'exercer aucun acte d'hostilité dans les ports ou dans les eaux territoriales des puissances neutres, et vous considérerez les eaux territoriales comme s'étendant à une portée de canon au-delà de la laisse de basse mer.

5

Commerce des nationaux.

L'état de guerre interrompant les relations de commerce entre

les sujets des puissances belligérantes, vous aurez à arrêter les
bâtiments marchands français qui, sans une permission ou
licence spéciale, tenteraient d'enfreindre cette interdiction, ou
qui, plus coupables encore, chercheraient à violer un blocus ou
s'engageraient dans un transport de troupes, de dépêches officielles ou de contrebande de guerre pour le compte ou à destination de l'ennemi.

6.

Commerce des neutres.

Les neutres étant autorisés par le droit des gens à continuer
librement leur commerce avec les puissances belligérantes,
vous n'arrêterez les bâtiments neutres que dans les cas suivants :

1° S'ils tentaient de violer un blocus ;

2° S'ils transportaient, pour le compte ou à destination de
l'ennemi, des objets de contrebande de guerre, des dépêches
officielles ou des troupes de terre ou de mer. Dans ces divers
cas, le bâtiment et la cargaison sont confiscables, sauf lorsque
la contrebande de guerre ne forme pas les trois quarts du chargement, auquel cas les objets de contrebande sont seuls sujets
à la confiscation.

7.

Blocus.

Conformément au paragraphe numéroté 4 de la déclaration
du Congrès de Paris du 16 avril 1856, tout blocus, pour être
obligatoire, doit être effectif, c'est-à-dire maintenu par une
force suffisante pour interdire réellement l'accès du littoral
de l'ennemi.

L'établissement de tout blocus devra faire l'objet d'une
notification formelle aux autorités des points bloqués. Cette
notification, dont vous trouverez ci-joint le modèle sera

envoyée à ces autorités en même temps qu'au consul de l'une des puissances neutres au moyen d'un parlementaire. Il conviendra de remplir la même formalité, si le blocus vient à être étendu à quelques nouveaux points de la côte. Les limites du blocus seront expressément désignées par leur latitude et leur longitude.

La violation d'un blocus ainsi établi résulte aussi bien de la tentative de pénétrer dans le lieu bloqué que de la tentative d'en sortir après la déclaration de blocus, à moins, dans ce dernier cas, que ce ne soit sur lest ou avec un chargement pris avant le blocus ou dans le délai fixé par le commandant des forces navales, délai qui devra toujours être suffisant pour protéger la navigation et le commerce de bonne foi. Ce délai devra, d'ailleurs, être mentionné dans la déclaration du blocus.

Les bâtiments qui se dirigent vers un port bloqué ne sont censés connaître l'état de blocus qu'après que la notification spéciale en a été inscrite sur leurs registres ou papiers de bord par l'un des bâtiments de guerre formant le blocus. Vous ne devrez point négliger de faire remplir cette formalité toutes les fois que vous serez engagés dans une opération de blocus.

8.

Contrebande.

La contrebande de guerre, à moins de stipulations spéciales des traités, se compose des objets suivants, lorsqu'ils sont destinés à l'ennemi, savoir :

Bouches et armes à feu, armes blanches, projectiles, poudre, salpêtre, soufre, objets d'équipement, de campement et de harnachement militaire, et tous instruments quelconques fabriqués à l'usage de la guerre.

9.

Le pavillon couvre la marchandise. — Marchandise ennemie ou neutre sous pavillon ennemi.

Sauf la vérification relative au commerce illicite dont je vous ai indiqué le caractère, vous n'avez point à examiner la propriété du chargement des navires neutres, conformément aux principes de la déclaration du 16 avril 1856 ; le pavillon neutre couvre la marchandise ennemie, à l'exception de la contrebande de guerre, et la marchandise neutre, toujours à l'exception de la contrebande de guerre, n'est pas saisissable sous pavillon ennemi.

Ces principes seront applicables à l'Espagne et aux États-Unis, bien que ces puissances n'aient point adhéré à la déclaration du Congrès de Paris.

10.

Maisons étrangères établies en pays ennemi ou neutre.

Pour l'application de ces principes, la nationalité des maisons de commerce doit se déterminer d'après le lieu où elles sont établies : la nationalité des bâtiments ne dérive pas seulement de celle de leurs propriétaires, mais encore de leur droit légitime au pavillon qui les couvre.

11.

Détresse et recousse.

En cas de détresse d'un bâtiment national ou en cas de capture par l'ennemi, vous devrez lui porter toute aide et assistance ou vous efforcer d'en opérer la recousse : l'intention de

Sa Majesté est que ce sauvetage, ou cette recousse, ne donne lieu à aucun droit sur le bâtiment secouru ou recous. Dans le cas où vous reprendriez sur l'ennemi un bâtiment neutre, vous êtes autorisés à considérer ce bâtiment comme ennemi, s'il est resté plus de vingt-quatre heures en la possession de l'ennemi, à moins de circonstances exceptionnelles dont Sa Majesté se réserve l'appréciation. Si le bâtiment n'est pas resté vingt-quatre heures au pouvoir de l'ennemi, vous le relâcherez purement et simplement.

12.

Corsaires.

Tous les États de la Confédération de l'Allemagne du Nord, ayant adhéré à la déclaration du 16 avril 1856, ont renoncé, pour leurs sujets, à l'exercice de la course. En conséquence, tout corsaire rencontré sous pavillon de cette Confédération devra être saisi et traité comme pirate.

13.

Visite.

Pour remplir les devoirs résultant des indications qui précèdent, vous aurez à exercer le droit de visite. Bien que ce droit soit illimité en temps de guerre, *quant aux parages*, je vous recommande cependant expressément de ne l'exercer que dans les parages et dans les circonstances où vous auriez des motifs fondés de supposer qu'il peut amener la saisie du bâtiment visité.

Quant à la forme, vous vous tiendrez, autant que possible, hors de la portée du canon. Vous enverrez à bord un canot dont l'officier montera sur le navire à visiter, accompagné de deux ou trois hommes seulement, et se bornera à vérifier, d'après les papiers de bord, la nationalité (1) ainsi que la nature du bâtiment et du chargement, et à reconnaître si le bâtiment est engagé dans un commerce illicite.

L'examen des papiers de bord est d'autant plus important que, d'après notre législation, ces papiers peuvent seuls servir au jugement ultérieur sur la validité ou l'invalidité de la prise.

14.

Convois.

Vous ne visiterez point les bâtiments qui se trouveront sous le convoi d'un navire de guerre neutre, et vous vous bornerez à réclamer du commandant du convoi une liste des bâtiments placés sous sa direction, avec la déclaration écrite qu'ils n'appartiennent pas à l'ennemi et ne sont engagés dans aucun commerce illicite. Si cependant vous aviez lieu de soupçonner que la religion du commandant du convoi a été surprise, vous communiqueriez vos soupçons à cet officier, qui procéderait seul à la visite des bâtiments suspectés.

15.

Formalités de la capture. — Capture de corsaires ou pirates. Capture de bâtiments de guerre.

Si la visite ne détermine pas la saisie du bâtiment, l'officier qui en aura été chargé devra seulement la constater sur les papiers de bord ; si, au contraire, elle détermine la saisie, il devra être procédé ainsi qu'il suit :

1° S'emparer de tous les papiers de bord, et les mettre sous scellés après en avoir dressé un inventaire ;

(1) Voir Th. Ortolan, *Règles internationales et Diplomatie de la mer*, tome 1er, ch. IX, p. 182 et suivantes.

2° Dresser un procès-verbal de capture, ainsi qu'un inventaire du bâtiment ;

3° Constater l'état du chargement, puis faire fermer les écoutilles de la cale, les coffres et les soutes, et y apposer les scellés ;

4° Mettre à bord un équipage pour la conduite de la prise.

En cas de prise d'un corsaire ou d'un pirate, vous procéderez de la même manière ; mais, dans le cas de capture d'un bâtiment de guerre, vous vous bornerez à la constater sur votre journal, et vous pourvoirez à la conduite de la manière la plus conforme à la sécurité des équipages auxquels vous la confierez (1).

---

(1) Décret du 15 août 1854, sur le service à bord des bâtiments de la flotte, articles 292, 293 et 294, dont voici le texte :

Amarinage d'une prise.

Art. 292. 1° Lorsque le capitaine a fait une prise, il ordonne à l'officier chargé d'en prendre possession de faire transporter immédiatement à son bord les officiers prisonniers, de prendre toutes les précautions nécessaires contre les accidents qui menaceraient la sûreté du bâtiment capturé, d'y maintenir l'ordre et d'empêcher qu'aucun objet ne soit illégalement débarqué ;

2° Il ordonne également à cet officier de se saisir des signaux, journaux, ordres, instructions et autres papiers qui peuvent intéresser l'armée, et ceux qui doivent servir à constater la validité de la prise ;

3° Il fait arrêter sur-le-champ et poursuivre tout individu coupable d'avoir détourné des objets appartenant au bâtiment ou à l'équipage capturé.

Formalités administratives envers les prises.

Art. 293. 1° Le capitaine ordonne à l'officier d'administration de se rendre à bord de la prise et de faire, en présence de l'officier chargé de la commander, un inventaire sommaire du bâtiment, et de dresser un procès-verbal de la capture ;

2° Si la prise est un bâtiment de commerce, il ordonne également à l'officier d'administration de se saisir des livres et papiers de bord, de constater l'état du chargement, de faire fermer les écoutilles de la cale, les coffres et les soutes, et d'y apposer les scellés, après que l'eau et les vivres nécessaires pour la navigation en ont été extraits ;

16.

Les lettres officielles et particulières trouvées à bord des bâtiments capturés devront m'être adressées sans délai.

17.

Jugement des prises; rançon.

Toute prise doit être jugée, et il ne vous est pas permis de consentir à un traité de rançon, sauf le cas de force majeure, et, dans ce cas même, l'acte de rançon, rédigé conformément au modèle joint aux présentes instructions devra être soumis à la juridiction qui est chargée, en France, du jugement des prises.

18.

Remise des prises.

Vous conduirez la prise dans le port de France le plus rapproché, le plus accessible et le plus sûr, ou dans le port de la possession française la plus voisine; mais, si des circonstances de force majeure ne vous permettaient pas de

---

3° Il est dressé un inventaire spécial des objets appartenant aux officiers, à l'équipage et aux passagers du bâtiment capturé.

Mode d'agir envers les prisonniers de guerre.

Art. 294. 1° Le capitaine veille à ce que les prisonniers de guerre soient traités avec humanité, qu'ils conservent les effets qui sont à leur usage personnel, et qu'ils reçoivent exactement la ration qui leur est allouée par les règlements;

2° Il tient la main à ce que ces prisonniers soient gardés et surveillés de manière à leur ôter tout moyen de succès, s'ils tentaient de se révolter ou de s'évader.

conduire la·prise en France ou dans une possession française, vous pourrez la conduire dans un port où se trouverait un consul de Sa Majesté Impériale, avec lequel vous vous concerterez sur la destination ultérieure de la prise.

19.

Individus trouvés à bord des bâtiments capturés.

Vous ne devez, à moins de cas de force majeure, distraire du bord aucun des individus qui montent le bâtiment capturé, s'il s'agit d'un bâtiment marchand ; mais les femmes, les enfants et toutes les personnes étrangères au métier des armes ou à la marine ne devront, en aucun cas, être traités comme prisonniers de guerre, et seront libres de débarquer dans le premier port où le bâtiment abordera. S'il s'agit d'un bâtiment de guerre, et sauf la même exception, vous pourrez, si vous le jugez utile, transborder une partie de l'équipage, et vous conduirez les prisonniers soit dans un port militaire de France, soit dans tout autre port qui pourra être ultérieurement désigné comme lieu de dépôt pour les prisonniers de guerre.

20.

Réarmement et emploi des bâtiments capturés.

Si l'intérêt public l'exige, vous pouvez réarmer les bâtiments ennemis capturés et les employer pour les besoins du service, après en avoir fait faire l'estimation par une commission composée, autant que possible, de trois officiers supérieurs compétents, dont un membre du commissariat.

Vous pouvez également, dans des cas exceptionnels, préhender, pour le service de la flotte, les cargaisons des navires ennemis, après en avoir fait dresser un inventaire détaillé et un procès-verbal d'estimation.

10

Les procès-verbaux rédigés en exécution de cette disposition devront être joints au dossier de la prise, et un double m'en sera adressé sous le timbre de l'administration de l'établissement des Invalides de la marine.

21.

Une convention a été conclue à Genève, au mois d'août 1864, entre tous les États européens, pour l'amélioration du sort des militaires blessés dans les armées en campagne. Vous trouverez ci-après le texte de cette convention, ainsi que celui du projet d'acte additionnel préparé en 1868 par une commission internationale réunie à Genève, pour en étendre les dispositions à la marine militaire. Bien que ce dernier acte n'ait pas encore reçu la sanction diplomatique, le Gouvernement de l'Empereur n'entend pas moins en faire l'application pendant le cours de la présente guerre.

Vous voudrez donc bien vous conformer, le cas échéant, aux règles tracées par les deux actes dont il s'agit.

Recevez, Messieurs, l'assurance de ma considération très-distinguée.

L'Amiral, Ministre Secrétaire d'État de la marine et des colonies,

A' RIGAULT DE GENOUILLY.

Instructions complémentaires

EN CE QUI TOUCHE

LES BATIMENTS NEUTRES ET LES PRISES.

MESSIEURS,

Je vous ai adressé, à la date du 25 juillet, des instructions générales sur la conduite que vous avez à tenir pendant la guerre.

Les instructions ci-jointes ont pour but de développer et d'élucider certaines parties de ces instructions qui peuvent présenter des difficultés ou des doutes dans l'exécution.

Vous voudrez donc bien vous conformer aux règles qui y sont tracées.

VISITE.

1.

Un bâtiment convoyé ne doit pas être visité.
Aucune visite ne doit s'opérer en dedans de la limite des eaux territoriales.

Quelque illimité que soit le droit de visite en temps de guerre, il y a deux cas où vous devez vous abstenir absolument de l'exercer :

1° Lorsque les bâtiments que vous rencontrerez seront convoyés par un bâtiment de guerre neutre (l'article 14 des instructions générales du 25 juillet 1870 trace la ligne de conduite à suivre en pareil cas) ;

2° Lorsque lesdits bâtiments se trouveront en dedans de la limite des eaux territoriales d'une puissance neutre. (Les eaux territoriales comprennent, sur toutes les côtes, une zone qui s'étend à trois milles au-delà de la laisse de basse mer, cette distance étant généralement adoptée aujourd'hui comme limite moyenne de la portée du canon. (Art. 4 des instructions générales.)

2.

Tout bâtiment marchand peut être visité.

Dans tous les autres cas vous avez le droit de visiter les bâtiments marchands que vous rencontrerez, sauf à n'user de ce droit, conformément à l'article 13 des instructions générales, que dans les parages et dans les circonstances où vous auriez des motifs fondés de supposer que la visite peut amener la saisie du bâtiment visité.

3.

Semonce.

Lorsque vous serez déterminés à visiter un navire, vous l'avertirez d'abord de votre intention en tirant un coup de canon de semonce à boulet perdu ou à poudre, et en arborant votre pavillon. A ce signal, le navire est tenu d'arborer aussi ses couleurs et de mettre en panne pour attendre votre visite. S'il continuait sa route et cherchait à fuir, vous le poursuivriez et l'arrêteriez, au besoin, par la force. En cas de résistance armée de sa part, vous auriez à le capturer sans autre examen.

4.

Comment on procède à la visite.

Si le navire semoncé s'arrête, vous vous arrêterez aussi, en vous tenant, autant que les circonstances de mer le permettent, hors de portée du canon, et vous lui envoyez une embarcation portant le pavillon parlementaire. Un officier accompagné de deux ou trois hommes au plus monte à bord du navire à visiter. Il procède avant tout à l'examen des papiers de bord.

5.

Papiers jetés à la mer.

S'il est constaté que des papiers ont été jetés à la mer, ou autrement supprimés ou distraits, à bord du navire visité, ce navire doit être capturé sans qu'il soit besoin d'examiner quels étaient ces papiers, par qui ils ont été jetés et s'il en est resté suffisamment à bord pour justifier que le navire et son chargement appartiennent à des neutres. (Art. 3 du règlement du 26 juillet 1778.)

6.

Quels sont les papiers du bord.

Les principaux papiers de bord d'un navire sont :

1° L'acte de propriété, le congé ou passeport et le rôle d'équipage qui établissent sa nationalité (1);

(1) Voir ci-après l'annexe n° 3 indiquant les conditions de construction, de propriété et de composition d'équipage qui déterminent la nationalité des navires, d'après la loi particulière de chaque puissance maritime.

2° Les connaissements, chartes-parties et factures, qui établissent la nature et la nationalité du chargement. Il suffit qu'une de ces pièces établisse d'une manière certaine la neutralité du navire pour que celui-ci soit exempt de capture, à moins cependant qu'il n'y ait contradiction entre ladite pièce et quelque autre document trouvé à bord. D'autre part, l'absence d'une des pièces ci-dessus indiquées ne justifierait pas par elle seule la capture, si d'ailleurs l'ensemble des autres pièces prouvait bien authentiquement la neutralité du navire et la régularité de l'expédition. Mais il y aurait lieu de capturer le navire sur lequel on trouverait des expéditions doubles, qui laisseraient des doutes sur sa nationalité ou sa destination.

7.

Changement de nationalité des navires et des propriétaires.

Lorsqu'il résulte de l'examen des pièces de bord que depuis la déclaration de guerre la nationalité du navire antérieurement ennemi a été changée par une vente faite à des neutres, que celle des propriétaires a été modifiée par naturalisation, ou que l'équipage d'un bâtiment neutre comprend une proportion notable de sujets ennemis, il y a lieu de procéder avec la plus grande attention et de s'assurer que toutes ces opérations ont été exécutées de bonne foi et non dans le seul but de dissimuler une propriété réellement ennemie.

8.

Visite du chargement.

Lorsque le navire visité a prouvé sa neutralité, vous n'avez pas à vous préoccuper de la nationalité de son chargement, puisque le pavillon neutre couvre la marchandise, même ennemie. Quant à la nature dudit chargement, il convient, en règle générale, de ne la vérifier que par l'examen des papiers de bord. Si cependant vous avez des motifs sérieux de soupçonner que le navire renferme de la contrebande de guerre pour le compte ou à destination de l'ennemi, vous devez réclamer la visite de la cargaison. Cette visite s'effectue par les soins du capitaine et de l'équipage du navire visité, sous les yeux de l'officier du croiseur, lequel ne doit y procéder par lui-même qu'en cas de refus de ces derniers.

9.

Cas où le chargement rend le navire neutre saisissable.

Est passible de capture tout navire qui transporte des troupes, des dépêches officielles (1) ou de la contrebande de guerre pour le compte ou à destination de l'ennemi. Toutefois, si la contrebande de guerre ne se trouve à bord que dans une proportion inférieure aux trois quarts de la cargaison, vous pouvez, suivant les circonstances, soit retenir le navire lui-même, soit le relâcher, si le capitaine consent à vous remettre tous les objets de contrebande dont il est porteur. (Art. 6 des instructions générales du 25 juillet 1870.)

Ne sont pas réputées contrebande de guerre les armes et les munitions, en quantité telle que le permet la coutume, exclusivement destinées à la défense du bâtiment, à moins qu'il n'en ait été fait usage pour résister à la visite.

10.

Paquebots.

Lorsque le navire à visiter est un paquebot chargé du service postal et ayant à bord un commissaire du gouvernement

(1) Le transport des dépêches d'un agent diplomatique de l'ennemi, résidant dans un pays neutre, n'entraîne pas la prise du bâtiment neutre.

dont il porte le pavillon, on peut se contenter de la déclaration de cet agent, relativement à la nature des dépêches.

BLOCUS.

11.

L'article 7 des instructions générales définit explicitement les conditions de l'établissement d'un blocus, les formalités à observer pour le régulariser et les conséquences qui en découlent pour la navigation neutre.

Interruption du blocus.

Le blocus n'existant qu'à la condition d'être effectif, si les forces navales françaises étaient forcées, par une circonstance quelconque, de s'éloigner du point bloqué, les navires neutres recouvreraient le droit de se rendre sur ce point. Dans ce cas, aucun croiseur français ne serait fondé à les entraver, sous prétexte de l'existence antérieure du blocus, s'il a d'ailleurs la connaissance certaine de la cessation ou de l'interruption de ce blocus. Tout blocus levé ou interrompu doit être rétabli et notifié de nouveau dans les formes prescrites.

12.

Par qui il doit et comment notifié. Formalités.

La notification du blocus ne peut être inscrite sur les papiers de bord d'un navire neutre que par l'un des bâtiments de guerre formant le blocus. En conséquence, un croiseur, non engagé dans cette opération et se trouvant loin des limites qui y ont été assignées, ne peut faire valablement cette notification, ni arrêter le navire neutre qui se dirigerait vers le point bloqué, sauf à exercer sur ce navire une surveillance spéciale, si les circonstances l'exigent.

La notification du blocus inscrite sur les registres d'un navire doit toujours mentionner le jour et la position géographique du lieu où cette notification a été faite.

PRISE OU SAISIE.

13.

La conduite à tenir envers les bâtiments pris ou saisis est tracée par les articles 15, 16, 17, 18, 19 et 20 des instructions générales, qu'il est utile de compléter par les indications suivantes :

Pavillon des prises.

Les prises naviguent avec le pavillon et la flamme, insignes des bâtiments de l'État.

14.

Envois des prises dans les ports français.

Les prises sont exclusivement dirigées sur les ports de France ou des possessions françaises. En cas de force majeure seulement, elles peuvent entrer dans les ports neutres pour réparation d'avaries ou ravitaillement. Elles n'y séjournent que le temps strictement nécessaire à ces opérations.

15.

Pièces à remettre par les conducteurs des prises.

Si le capteur n'escorte pas sa prise, parce qu'il juge pouvoir l'expédier directement, le conducteur de la prise doit, à son arrivée au port de destination ou de relâche, remettre à l'autorité maritime ou consulaire :

1° Son rapport de traversée ;
2° Le procès-verbal de capture et d'apposition des scellés ;
3° L'inventaire de la cargaison ;
4° Les pièces et papiers du bord de toute nature.

16.

Expédition directe des pièces et des personnes.

Lorsqu'une prise est dirigée sur un port de France, le capteur peut, dans des circonstances exceptionnelles, expédier directement et par une autre voie les pièces de procédure et les personnes dont la présence est nécessaire à l'instruction, à la condition que leur arrivée en France précédera celle de la prise elle-même.

17.

Prise conduite dans un port étranger.

Lorsqu'une prise est conduite dans un port étranger où elle peut être admise, le conducteur de la prise représente les capteurs dans l'instruction consulaire.

18.

Refus d'admission.

Presque toutes les puissances assimilent les prises aux bâtiments de guerre des belligérants et ne les admettent pas dans leurs ports, si ce n'est en cas de relâche forcée et pour une période de temps très-courte.

Le conducteur d'une prise doit toujours, en pareil cas, déférer aux invitations qui lui sont adressées par le gouvernement du pays où il se trouve. Il agit alors au mieux des intérêts dont il est chargé et rend compte sans délai au ministre de la marine du refus d'admission qu'il a essuyé.

19.

Prise perdue par fortune de mer.

Si une prise est perdue par fortune de mer, il faut avoir soin de constater le fait, aucune indemnité n'étant due dans ce cas, ni pour le navire, ni pour le chargement, même si après jugement la prise eût été annulée.

20.

Destruction des prises.

Si une circonstance majeure forçait un croiseur à détruire une prise, parce que sa conservation compromettrait sa propre sécurité ou le succès de ses opérations, il devrait avoir soin de conserver tous les papiers du bord et autres éléments nécessaires pour permettre le jugement de la prise et l'établissement des indemnités à attribuer aux neutres dont la propriété non confiscable aurait été détruite. On ne doit user de ce droit de destruction qu'avec la plus grande réserve.

ANNEXE N° 3.

CONDITIONS qui déterminent la nationalité des bâtiments d'après les lois particulières de chaque puissance maritime.

NATION.	CONSTRUCTION.	PROPRIÉTÉ.	COMPOSITION DE L'ÉQUIPAGE.
ANGLETERRE..	Nationale ou étrangère.	Exclusivement nationale..	Anglais ou étrangers.
AUTRICHE.....	Idem........	Exclusivement nationale..	Le capitaine et les deux tiers de l'équipage autrichiens.
BELGIQUE.....	Idem........	Belge pour les cinq huitièmes.	Sans conditions.
DANEMARK....	Idem........	Armateur danois responsable. — Commerce d'Islande réservé aux nationaux.	Officiers et équipage danois en totalité.
ESPAGNE......	Idem........	Nationale..............	Officiers et deux tiers de l'équipage espagnols.
GRÈCE........	Nationale.....	Grecque pour moitié.....	Officiers et trois quarts de l'équipage grecs.
ITALIE........	Nationale ou étrangère.	Nationaux ou domiciliés depuis dix ans.	Officiers et deux tiers de l'équipage italiens.
NORWÉGE....	Idem........	Totale à un Norwégien...	Pas de règle.
PAYS-BAS. ...	Idem........	Cinq huitièmes à des habitants des Pays-Bas.	Pas de règle.
PORTUGAL....	Nationale. Exceptions rares.	Portugaise en totalité.....	Capitaine et trois quarts de l'équipage portugais.
PRUSSE et CONFÉDÉRATION DE L'ALLEMAGNE DU NORD.	Nationale ou étrangère.	Nationale en totalité; les sociétés en actions doivent être établies et avoir leur siége dans la confédération; dans les commandites par actions, les associés solidaires et responsables doivent être nationaux.	Pas de règle.

NATION.	CONSTRUCTION.	PROPRIÉTÉ.	COMPOSITION DE L'ÉQUIPAGE.
Russie	Idem	Le bâtiment russe peut appartenir à tout sujet russe, le bâtiment d'origine étrangère aux individus de la 1re et 2e guilde des marchands.	Un quart de sujets de l'Empire.
Suède	Idem	En totalité à des sujets domiciliés.	Capitaine suédois.
Brésil	Nation^{le}, étrangère sous certaines conditions.	Exclusivement nationale..	D'après la loi le capitaine seul est nécessairement brésilien. — D'après les traités le capitaine et les trois quarts de l'équipage.
Buénos-Ayres	Aucune condition.	»	»
Chili	Nationale ou étrangère.	Chilienne ou étrang^{rs} ayant 3 ans de résidence avec établissement.	Rien de bien réglé encore.
États-Unis	Nationale, sauf exceptions rares.	Nationale exclusivement..	Officiers et deux tiers de l'équipage américains.
Haïti	Nationale, ou étrangère.	Exclusivement haïtienne. Conditions généralement éludées.	Officiers et la moitié de l'équipage haïtiens. (Conditions généralement éludées.)
Mexique	Nationale, sauf quelques exceptions.	Exclusivement nationale..	Le capitaine et les deux tiers de l'équipage mexicains.
Nouvelle-Grenade.	»	Égalité des étrangers reconnaissant les lois du pays et des nationaux.	»
Pérou	Nationale ou étrangère.	De citoyens péruviens, étrangers naturalisés admis pour moitié dans les sociétés.	Capitaine péruvien ou naturalisé. — Un cinquième de l'équipage nationaux.
Salvador	Idem	Centre-américains établis dans l'État ou étrangers naturalisés.	A partir de 1867, moitié de l'équipage salvadorien.
Uruguay	Idem	Nationale................	Pas de règlement.
Vénézuéla	Idem	En totalité nationale. (Dérogation spéciale pour une compagnie de vapeurs.)	Le capitaine vénézuélien ou naturalisé. Un tiers des matelots.

TABLE DES MATIÈRES.

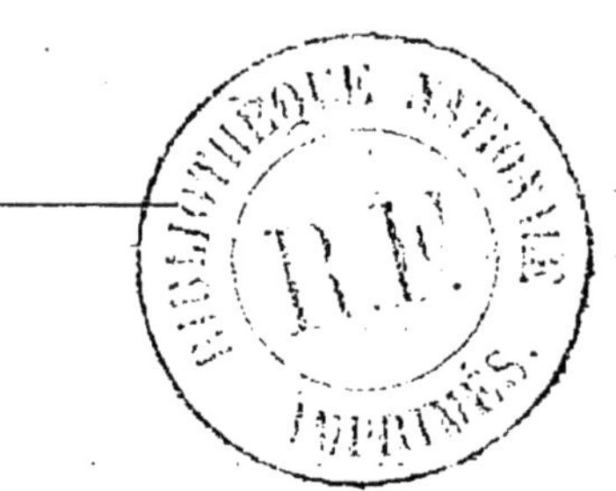

www.ingramcontent.com/pod-product-compliance
Ingram Content Group UK Ltd.
Pitfield, Milton Keynes, MK11 3LW, UK
UKHW022228120726
13694UKWH00002B/742